I0313954

Heinrich Preschers

Ritter vom Thurn - Zuchtmeister der Weiber und Jungfrauen

Heinrich Preschers

Ritter vom Thurn - Zuchtmeister der Weiber und Jungfrauen

ISBN/EAN: 9783743603462

Hergestellt in Europa, USA, Kanada, Australien, Japan

Cover: Foto ©ninafisch / pixelio.de

Ritter vom Thurn.

Zuchtmeister der Weiber vnd Jungfrauwen/

Auß Biblischen vnd Weltlichen Hi-
storien/ ein schöne vnd kurtze anweisung der
Jungfrauwen vnd Frawen/ weß sich ein jede in
jhrem Stand halten soll. Auß dem Frantzö-
sischen newlich wider verdeutscht
vnd vbersehen.

Getruckt zu Franckfurt am Mayn/
M. D. LXXII.

An den Christlichen Leser.

DIeses Büchlin/ Christlicher Leser/ ist lange zeit vnter der Banck gelegen/ darneben hat man viel närrische/ zum theil auch vnzüchtige Gedicht vñ Fabeln gelesen/ als vom Ritter Ponto vnd Galmi/ vnd andere dergleichen. Aber der Erbar vnnd Weise Herr Conrad Rühel/ Druckerherr zu Wittenberg/ ꝛc. wie er je vnd je Zucht vnd Erbarkeit zu pflantzen geneigt gewesen/ Also hat er auch diesen Ritter wider herfür bracht/ vñ mich den zu drucken ernstlich vermahnet/ welches ich jhm/ als

 meinem

meinem günstigen Herrn vnd alten Freund zu ehren/vnnd allen ehrliebenden Frauwen vnnd Jungfrauwen zu nutz vnd besserung gern angenommen hab. Insonderheit dieweil auch auß der heiligen Schrifft viel namhafftiger Historien so fein einfeltig in diesem Büchlin angezogen werden / daß sie allen Weibs Personen souiel desto verständtlicher vnd anmütiger seyn können. Versehe mich / alle guthertzige Christen werden jhn solches wolgefallen lassen/vnd zu jhrem besten gebrauchen.

Vorrede/

Vorrede / Was den Ritter vom Thurn bewegt habe diß Buch zuschreiben.

IM Jar als man zalt von der Geburt Christi vnsers lieben Herrn 1371. Als ich mit namen der Ritter vom Thurn/eines tags zu außgang des Aprillen / mit etwas schwermütigkeit beladen/für auffenthalt/kurtzweil vnd ergetzung in einen Garten/vnter eines Baums schatten gangen war / vnd daselbst sasse/ hörte ich von dem gevögel/den Trostlen vnd Nachtgallen/die sich gegē der zeit des Sommers freweten/solchen lieblichen vnd süssen Gesang/daß mir dieselben durch jhre fröliche stimme vnd süß getöne/all mein vnmuth vnd beschwerde hinnamen/ vñ mich wider zu leichtfertigkeit meines Gemüts bewegten/

daß ich dardurch der vergangnen zeit
meiner jugend innerlich ward ermah-
net/sonderlich wie mich Fraw Venus/
die Göttin der Liebe/ weiland in jhren
stricken vnd banden / so lange zeit ge-
zwungen vnd gehalten/Auch offt vnd
viel/jetzt zu freuwden/denn zu leyd/als
deñ manchem mehr beschicht/gewisen
hatt/ Auch wie sie mich/zu ergetzung
meines fürfallenden vbels/ mit einer
frommen vnd schönen Gemahel/nach
wundsch/vnd als mich bedaucht/einer
Rosen vber alle andere Weiber bega-
bet hat/ Von deren ich so höchlich er-
frewet war/daß ich vmb jhrent willen
mancherley höfliche Sprüch/Reimen
vnd newe Geseng erdacht vnd macht/
Vnd wie der Todt (der da niemandt
meidet/mich derselben entsetzet vnd be-
raubt hette (deß ich mich deñ ob zwen-
zig jaren hertzlich beleydigt) Demnach
der getrewen Liebe zu keiner zeit nim-
mer vergessen wirdt. In dem ich nun
in solcher gedechtnuß war / blicket ich
auff/

auff / vnd sahe meine Töchter gegen mir kommen / die noch jung vnd vnbedacht / aber mein gröste beger / sie zu ehren zu bringē / daß sie höflich vnd zimlich mit guten Beyspieln vnd Exempeln darzu gewisen würden / wie eine Königin von Vngern / die jre Töchter nach außweisung jhres Buchs / auch also vnderwisen vnd gütlich gestrafft hat. Jch ward auch darbey iñgedenck wie ich in meinen jungen tagen mit etlichen Gesellen / im Lande zu Poiton / vnd andern enden vmbgeritten / daß ich sie manchmal vmb Frauwen vnd Jungfrauwen hett sehen vnnd hören werben vnd bulen / Vnd es were jhnen böse oder gute Antwort wordē / waren sie doch in solche gewonheit kommen / daß sie sich jr berhümpten / vnd hatten deß weder forcht noch scham / dardurch denn manche Fraw vnd Jungfrauw / jetzt mit vnschuldt / denn mit schuldt ward beleumdet / das doch sehr schwer ist / ein Frauw oder Jungfraw von hohen ehrē oder Adel zubetriegen vnd zu vnehren zubringen. Sie betrogen auch viel mit falschem eydschwerē/ deren sie keinen hielten/ vnd wenn ich jn sagte/daß sies nit thun solten/merckte ich wol/daß solchs wenig gegen jnen erschießlich war/denn sie das verächtlich auffnamen. Dieweil ich nun bey meinen zeiten diese ding also geschehen/ besorgte ich/solchs würd noch für vnd für gebraucht/ vnd gedachte/daß ich wölte meinen Töchtern/von guten weisen vñ geberden der hochgelobtē Frawen/wie dieselbe zu lob/ehren vñ gut/ Auch von sitten vñ geberden der bösen Frawen/wie dieselbe zu schmach vñ laster kommen weren/ein Büchlin setzen vnd schreiben lassen/vorbild vnd lehre darauß zunemen/das gute zu gebrauchen/das arge zu fliehen/ Denn vieler Männer gewonheit ist/ein Fraw oder Jungfraw vnder augen anzulachen/ vnd hinderwerts entehren vñ verspotten/Auch sich gegen der Welt/die selten jemand mag gründtlich erkennen/ vñ sich gar kümmerlich darein zurichten ist/ desto baß wüsten zustellen. Also vnd auff solchs gieng ich auß dem Garten/ da begegneten mir zween Priester vnter wegen/ vñ zween Schreiber/ die ich deßhalb beschickt hatte/ denen gab ich meine gemeldte meinung zu erkennen/ vnnd ließ mir sie in der Bibel/ in der Chronicken von Franckreich / von Egypten/ von Engelland/ vnd von andern enden lesen / die besten Exempel darauß ziehen/ vñ in ein Buch begreiffen/ Vnd vmb kürtze vnd besserer verständtnuß willen/ nit in Reimen/ sondern in sagweiß stellen/ vñ deren zwey machen lassen/ das eine meinen Töchtern/ das ander meinen Söhnen gegeben/ Denn so sie sich zu gutem/ zu lob vñ zu ehren würden schicken/ were mir ein sondere frewde / wie denn ein jeder getrewer Vatter auß natürlichem einfluß/ seinen Kindern schüldig vnd pflichtig ist.

Der Ritter

Spiegel der Tugend vnnd Ehrsamkeit der Weiber vnd Jungfrauwen/ durch den Hochberhümpten Ritter vom Thurn/ mit schönen nützlichen Historien/ zu vnterweisung seiner Kinder / in Frantzösischer Spraach beschrieben/ aber jetzt von neuwem darauß verdeutschet.

Rede des Ritters an seine Töchter.

VBerauß ein edel vnd hübsche meinung ists/ sich in dem Spiegel der alten Historien/ die vns von vnsern Voreltern verlassen vnd geschriben seind zubesehen/ vns dardurch zu gutem zu wenden/ vnd das vbel zu fliehen/ darauff ich der Ritter vom Thurn/ also spreche:

Meine

Meine liebe Töchter / ich bin nun hinfort
mehr alt vnd kranck / hab die Welt baß er-
kündigt vnd gesehen denn jhr / Darumb so
wil ich euch jhren lauff zum theil / nach mei-
nem verstand der leyder klein vnd schwach
ist / anzeigen. Aber die grosse lieb vnd begir-
de / so ich hab euch zu fürdern / daß jhr euwere
hertzen vnd gedancken in den dienst des All-
mechtigen richten / jn förchten / auch lob vnd
ehr hie in zeit / vnd dort in ewigkeit möchten
erlangen / thut mich hiezu bewegen / denn al-
le ehr vnd gut / so dem Menschen zustehen
mag / kompt alles von Gott / vnd von gna-
den des heiligen Geists / jm nach seinem wil-
len / das leben kurtz oder lang zu verleihen /
Er gibt auch guter Thaten hundertfeltige
belohnung / Darumb er auch wol zu beden-
cken / vnd vor augen zu halten ist. Deßhalb /
das erste Werck so Frauwen oder Mann
thun / sollen sie Gott jhren Schöpffer vor
augen haben / vnd jm mit jrem innigen Ge-
bet / so baldt sie morgens erwachen / lob / ehr
vnd danck sagen / mit den Psalmen / Lauda-
te Dominum omnes gentes. Benedicamus
Patrem

Patrem & Filium. Deñ gar viel höher vnd heiliger ist / Gott loben vnd dancken / denn bitten. Denn bitten heischet vnd begert gabe/vnd widergeltung/so ist lob vnd dancksagen ein Werck der Engel/die dem Allmechtigen Gott zu allen zeiten/lob/ehr vnd dancksagen/vnd ehr bieten. Darnach vor vnd ehe man zu nacht entschlefft/soll man Marien der Mutter Christi nicht vergessen jhr nach zu folgen/vnd den andern Heiligen/in dem sie Christo nachgefolgt/wie Paulus lehret/ so mag man desto sicherer vnd vnbesorgter schlaffen/deßgleichen auch solche bitte thun zu Gott/ so offt vnd dick man erwachet/daß er vns mit seinen lieben Engeln vnd abgestorbnen Heiligen wölle behüten vor laster vnd schande dieser Welt/daß er denn vngezweiffelt thut/ so wirs anderst hertzlich von jhm begeren/ wie die nachfolgend Histori anzeiget.

Wie eines Keysers von Constantinopel Tochter ein Ritter bestellt hatte/ des nachts zu jhr heimlich in jhr Kammer zu kommen/ aber so viel Geister vmb jhr Beth sahe / daß er von forcht wider hinweg flohe.

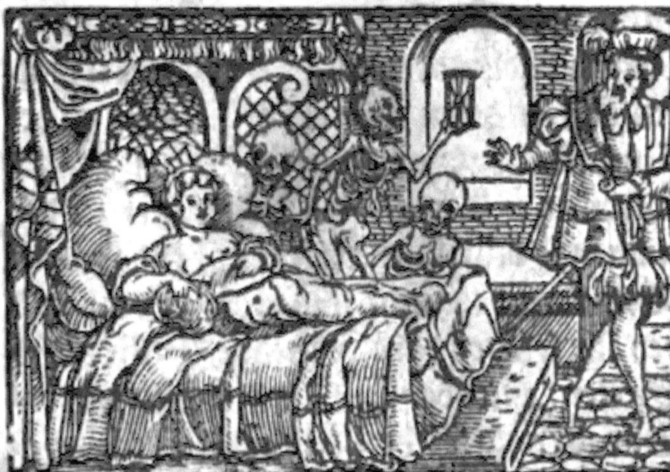

ZV Constantinopel ware auff ein zeit ein Keyser/ der hatte zwo gar hübsche Töchter/ vnter denen die jüngere gar eins frommen vnnd Gottsfürchtigen gemütes war/

denn sie jhr offt bey nacht/wenn sie erwacht/ der abgestorbenen Heiligen leben fürbildet Dieselbigen zwo Töchter lagen nachts bey einander/vnd wenn die älter die jünger also höret beten/spottet sie jhr/vnd sagt/sie solt sie schlaffen lassen. Nun begab sich durch jhre jugend/vnd köstliche speiß/daß sie in fleischlicher liebe angefochten/vnd zweyen jungen Rittern/gebrüdern/holdt wurden/dermassen/daß sie denen auff ein zeit ein stund bestimpten/in der nacht heimlich zu jhnen zu kommen. Als aber der Ritter/der zu der jungen Tochter gehen wolt/nahend zu jrem Beth kam/bedaucht jn/wie daß er vmb vnd bey jhr sehe ein grosse menge Geister vnd Seelen/mit weissen Tüchern bewunden/ Darab er ein solche forcht vnd schrecken name/daß er vnbesinnet wider von dannen flohe/vnd ward mit schwerer kranckheit vnd dem Fieber beladen. Als man nu morgens seiner kranckheit jnnen/vnd daruon sagen ward/sonderlich vor der Jungfrawen/von deren wegen jhm solches war begegnet/fügt sie sich zu jhm/jhn zu besehen/vnd zu fragen/

auß

auß was vrsach/vnd wie jhm solche kranck-
heit were zugestanden. Da sagt er jhr/als er
zu jhrem Beth hett wöllen gehen/daß er die
Geister/wie obsteht/also gesehen hette/vnd
daruon in solche kranckheit von schrecken
were gefallen. Da die Jungfraw das höret/
hatt sie darob auch groß schrecken/vnd ver-
wundern/vnd sagt Gott gar demütigklich
lob/ehr vnd danck/daß er sie so gnedigklich
vor schanden vñ vnehren behütet hatte/dar-
durch sie auch fürbaß viel mehr Gottsförch
tiger ward denn vor/ vnd hielt sich keusch
vnd reyn. Also stund es darnach nicht lang/
daß ein mechtiger König von Griechen/ jh-
ren Vatter den Keyser vmb sie bate/vnd im
vermähelt ward/vnd durch solch jhr Gebet
gegen Gott/kam sie zu grossen hohen wir-
den vnd ehren. Aber der ältern Tochter/ die
diese mit jrem Gebet hatt verspottet/ergieng
es anders/Denn der ander Ritter kam zu jr/
vnd beschlieff sie/daß sie schwanger warde/
vnd durch ordnung des Keysers jres Vat-
ters/ heimlich bey der nacht ertrenckt/ vnd
der Ritter lebendig geschunden warde. Also
liebe

liebe Töchter / vmb einen kleinen falschen lust/verloren sie beyde jhre Ehr vnd Leben/ Darumb so seyt durch Beyspiel ermahnet/ daß jhr alle mal/ wenn jhr schlaffen gehet/ oder erwacht/ fleissiglich zu Gott bittet/ wie gemeldten Keysers Tochter thet.

Auch eine andere andächtige Jungkfrauw/ die ein grosser Herr jhe mit gewalt vnd vber jhren willen beschlaffen wolt/ Die auch durch jhr Gebet/ so sie thet zu Gott/ erlöset ward/ als ich euch sagen wil. Derselbig Herr hatt die obgemeldte Jungfrauw verkundtschafft in einem Hole/ darein sie sich von forcht wegen vor jhm hatte verborgen/ die sprach jhr Gebet zu Gott/ sie vor schand zu behüten/ In dem so kompt er durch seinen Kundschaffter zu dem Hole/ vnd vermeinet seinen lust an jhr zu erfüllen/ Aber so baldt er sie sahe vnd ergreiffen wolt/ dauchte jhn/ daß er mehr denn zehen tausendt vergrabener Personen sehe/ die sie verhütteten/ deß er so höchlich erschrack/ daß er eilendts wider von dannen flohe/ vnd entbote der Jungfrauwen / daß er sie in solchen sachen nimmermehr

mehr suchen noch gemeinen wolte / dann sie hett zuuil vñ grosse gesellschafft bey jhr. Da sprach sie: sie hette niemand auff die stund / als er jr nachgangẽ were / bey jr gehabt / aber sie hette Gott allweg gebettẽ / sie vor schand zubehůten / das hette er auch da erzeigt.

Wie Mann vnd Weiber des morgens vnd allezeit betten sollen.

Furbaß / liebe Töchter / Das erste Werck / das jr morgends / so jhr auffgestanden / thut / so solt jhr den dienst Gottes vollbringen / ewer Gebett mit andacht sprechen / vnd solches thun mit gutem Hertzen / on weiter oder andere gedancken / dann jhr solt wissen / als wenig jr zwen Weg eins mals geht / als wenig mögt jhr Gott dienen vnnd andere ding gedencken / sonder jhr müssen den einen Weg gehn / vnd den andern verlassen / Wie der weise Mann spricht: So vil gilt es dem / der da höret vnd nicht versteht / als dem der da jagt vnd nichts fahet. Darumb welcher Mensch sein Gebett spricht / vñ damit jrdi-

sche ding gedeckt/der thut zwey ding die ein-
ander gantz widerwertig seind/ Auch vn-
fruchtbar/ vnnd nicht anders denn ein ge-
spött Gottes. Deßhalben die H. Schrifft
sagt/ daß ein kurtz andechtig Gebett durch
die Himmel brech/das ist also zuuerstehen/
daß besser sey/ ein kurtz Gebett/das von an-
dacht vnnd hertzen gesprochen wird/ denn
ein langes vnd mit frembden gedancken/
Als denn etliche thun/ die jhr Gebett spre-
chen/ vnd andere ding darneben außrich-
ten. Es weiset auch die heilige Schrifft/
Gleich als der Taw des Aprillen der Er-
den süß vnd gefellig ist/ also ist das andech-
tig Gebett Gott dem Allmechtigen ein ge-
fallen. Darumb liebe Töchter/ sprecht eu-
wer Gebet mit andechtigem vnnd gutem
hertzen/ on andere vnnütze gedancken/ hütet
euch daß jhr morgens nicht essend/ jhr habt
denn zuuor ewer Gebett gethan/ Denn ein
gespeißter satter Mensch mag nimmer so
demütiglich bitten/ als der da nüchtern vnd
vngespeißt ist. Jhr solt auch das Euangeli-
um/ so viel vnd als ferr jhr vermöget/ dar-
uon

uorf euch durch Gott viel guts zugefügt werden mag/als ich euch deß ein beyspiel erzehlen wil/alle tag fleissig hören.

Von zweien Ritters Töchtern/die eine war Gottsfürchtig/die ander faul vnd fressig.

Es war auff ein zeit ein Ritter der hett zwo Töchter/võ zweyen Haußfrauwen/derselben Töchter eine von seiner ersten Haußfrawen war gar andechtig/vnd sonderlich so aß sie morgens nim̃er/sie hett denn vor zu Gott gebetet/so viel sie vermocht. Die andere aber war gar vbel erzogen/vnd jhr jhr eygener Will gestattet/derhalben/so bald sie morgens erwachte/must sie ein suppen oder etwas anders heymlichs geschlecks habẽ/vnd sagt: Jr wer wehe im haupt/doch war es anders nichts denn ein böse gewonheyt. Wenn auch jhr Vatter vnd Mutter Abends schlaffen kamen/hatte sie allwegen etwas gutes zugericht/heymlich zu essen/(sollichs thet sie biß in jhr Alter/daß sie einem from̃en Ritter ward vermählet.) Da

 derselb

derselb solches von jr vernam/ vnd wol wu-
ste / daß es jr an seel vnd leib schädlich war/
vnd sagt jhr das vielmal/ vñ straffte sie güt-
lich/mit bitt/daß sie daruon wölt lassen/aber
sie war so gentzlich inn die gewonheit kom-
men / daß sollich straff vnnd bitt an jhr nicht
helffen wolt. Also begab es sich in einer
Nacht/daß der Ritter auß seinem schlaff er-
wachet / vñ wolt neben sich greiffen nach sei-
ner Frawen / vnd meinte sie bey jhm zufin-
den / da er sie aber nit fand / stund er zornig-
lich auff von seim Beth / vñ gieng hin in ein
kam̃er / da fand er sie bey zweien knechten si-
tzen/essen vnd gelächter treiben/ darab ward
er dermassen erzürnet / daß er einen stecken
zuckt / den er in seinen henden trug / vñ einen
knecht schlug/den er ein Jungfraw küssen sa-
he/dermassen/daß der Steck von dem streich
zerbrach/ vnd das ein stück seiner Haußfra-
wen in ein Aug sprang / daß sie solches ver-
lore / vnd jhr das Angesicht daruon so gar
vngestalt ward/daß sie der Ritter begundt
zuhassen / vnnd sein Hertz auff andere liebe
keren/dardurch jr wesen / hauß vnd ehr ver-
nichtet/

nichtet / vnd zu abgang kam / das allein geschah durch böse gewonheit derselben Frawen / Darumb so ist gut / beten / vnd Predigt hören / wenn man weil vnd muß mag haben / vor vnd ehe man esse / vnd sich selbst zu mässigkeyt gewehne / nach den Weisen / die also fürlegen: Wer ein junges Fülle in seiner jugent der wagenleysen nachgehen lehret / das behelt es so lange es lebet. Aber der andern Tochter gienge es nicht so vbel / die erlangt durch jhren Gottsdienst / vnd andächtiges Gebet / daß sie Gott mit einem reichen vnd mechtigen Ritter begabt / zu einem Gemahel / vnd mit jhm gar ehrlich lebt biß an jhr ende.

Von einem schleckerigen Weib / die jhrem Mann ein Ahl fraß mit jhrer Nachbewrin.

ICh wil euch auch ein ander Exempel sagē von den Frawen die hinder jren Männern heimlich schlecken. Es war ein Fraw die hatte ein Atzel in einer Kefig / die redet alles das sie sahe das man thet. Es begab sich dz jr Haußwirt ein gutē grossen Ahl in eim Trog/an eim heymlichen end behalten hatt/ auff das/ob jm etwan ein Herr oder guter freund zu Hauß kem/daß er jm darmit ehre anthet/ vnd ein gut essen haben möchte. Also gienge die Fraw zu jhrer Geuatter / sagt jr von dem Ahl/vñ wie gut er zuessen wer/daß sie ein anschlag finden möchten denselbē zu-essen/vñ dem Haußwirt zuuerstehn zugebē/ wie jn ein Otter genommen vnd jhn gessen hette. Als nuh der Herr zu Hauß kam / hub die Atzel an/ vnd sagt: Herr/mein Fraw hat dē Ahl gessen. Da gieng der Herr vber sein Fischtrog/vnd wolt besehen ob es war were oder nicht / Als er nuh den nicht fand / fragt er sein Haußfraw / wohin er kommen were? Da wolt sie sich gar wol entschuldigen/aber der Herr sprach / gewißlich hast du jhn gessen / denn die Atzel hat mir das gesagt/vnnd schalt vnd strafft sie darumb mit gar zornigen wortē. Darum̃ so bald der Herr hinauß ritt / kam die Fraw mit jrer Geuatter zur Atzeln/namen vnd beropfften sie/daß jr kein feder blib auff jrem haupt/vñ sprachen: das ist darumb/daß du vns des Ahls halben hast verrahten. Darnach wo die Atzel einen Menschen sahe/der da kal oder glatzköpffig war/schrey sie vberlaut/du hast auch von dem Ahl geschwetzt/Darumb sich vor solchem schlecken wol zuhüten ist.

Die Weiber sollen züchtig vnd demütig seyn.

DArnach liebe Töchter/wöllet züchtig vnd demütig seyn/denn kein hübscher Tugend in der Welt ist/gunst vñ ehr von den Leutẽ zubekommen/deñ demütig vnd züchtig seyn/damit man alle hoffart vberwindet/Des mögt jhr ein Exempel nemmen bey einem Sperber/den macht man mit tugendẽ so frey vnd zam/daß er von einem Baum zuhanden fleugt/Ist man jm aber zuhart oder zu rauch/so kompt er nim̃er mehr. Dieweil man denn denselben wilden Vogel/der kein vernunfft hat/also mit tugenden mag gewehnen/ist viel mehr gläublich/das man der Menschen/Weiber vnd Männer huld/

mit Tugenden vnd demůtigkeyt zum besten mög vberkommen. Tugend ist auch der Weg vñ eingang aller Weltlichen freundschafft vnd liebe/ darumb gar gut ist tugentsam seyn. Jch kenn auch einen grossen Herren in diesem Land/ der mehr Ritter/ edle vñ ander leuth von seiner tugend wegen zu dienen/ vnd in reysen zureiten mag vberkom̃en/ denn andere Herren mit Gelt oder andern dingen thun mögen/ Das ist mein Herr võ Craon/ der da mehr zuloben vñ zuehren ist/ denn alle Ritter die ich kenn/ Deßgleichen mechtige hohe Frawen/ deren ich kundtschafft hab/ die auch durch jhre tugend viel ehr vnnd gnaden von klein vnnd groß vberkommen haben/ Dieselbe ewere tugend/ die meniglich zu erzeigen/ ist anders nicht/ deñ daß jhr jederman Ehr erbieten solt/ vnd gute süsse rede vnnd antwort geben/ damit gewinnt jr der Welt huld vnd gnade dermassen/ daß jhr allenthalben gerhümbt vnd gelobt werdet. So solt jr auch nicht inn der Predigt/ oder so jhr ewer Gebett sprecht/ ewer häupter hin vñ her wenden/ gleich dem

Kra-

Kranich/vnnd der Turteltauben/die da jhre hälß biß auff die schultern rucken/vñ denn verwenden wie ein kugel/sonder solt weißliche vnd veste geberd haben/als der Haß/ der stätiglich sein gesicht für sich keret/ on vmbwendung des Haupts/ vnnd darumb sehet schlechts für euch / Wolt jhr aber je auff ein seit sehen/ so keret den Leib vnnd das Haupt sampt mit einander / so wird ewer stath vnd wesen desto steter vnd sicherer geacht / Deñ man gewönlich deren spottet / so jr Angesichte also leichtlich hin vnd her keren/ Von dem wil ich euch ein Exempel sagen / von dreien Töchtern eins Königs von Dennmarck wie hernach folgt.

Wie der König von Engelandt des Königs auß Dennmarck jüngste Tochter nam/von wegen jhrer zucht.

ES seind vier Könige auff dieser seiten des Meers/die von alters her sich nach ehren vermähelet haben/vnd nit vmb Reich thumb/ Landt oder Leuth willen/ sonder sie satzten jhre achtung nach hochgebornen Jungfrawen/ von gutem lob/ wandel vnnd geberden/ Liessen sie auch vor besehen/ vnnd auffmercken/ ob sie an jhren Gliedern/ oder das ein Fraw haben soll/ nicht bresthafftig/ vnd ob sie Kinder zugeberen zuuersichtlich vnnd geschickt weren. Derselben vier Könige/ ist der ein von Franckreich der edelst/ der ander von Hispanien/ der dritt von Engeland/ der vierdt võ Vngern/ der von rechts wegen inn Kriegen ein Marschalck wider die Vngläubigen seyn soll. Es begabe sich daß der König von Engelandt ohn ein Gemahl war/ der hört sagen von den gemeldten dreien Töchtern des Königs von Denn marck/ vnd dieweil derselb König vnd die Königinn eines frommen wesens waren/ schickte der König von Engelandt etliche Ritter vnnd Frawen/ die besten seines Königreichs/ die gemeldten drey töchter zubesehen. Da nun dieselben vber Meer vnd an des Königs von Dennmarck Hof kamen/ vnd es der König vnd Königin innen wurden/

den/entpfiengen sie dieselbigen gar ehrlich/ vnd mit grossen freuden/ hielten jnen groß Hochzeit vnnd Fest vier tag lang/ Vnnd mocht doch niemand wissen/welliche sie von den dreien Töchtern erwehlen wolten. Die Töchter zierten sich auch darauff/ vnd striechen sich mit jhrer kleydung vnd allen dingen auß/ so best sie mochten. Nuh war vnter solcher Bottschafft ein Ritter vnd ein Fraw/ die gar subtil vnnd verstendig waren/ die waren gar geflissen/ der Töchter weise vnd geberde zuerkünden/ vnnd suchten vrsach/offt mit jhnen zureden/ Also bedauchte sie/ wiewol die älter die schönste/ so were doch die jung des besten wandels/ denn die älter jr Gesicht vnd Haupt gar zu offt hin vnd her wendet/ sich zuuiel frölichheyt vnd redens gebrauchte/ das aber die ander nicht thet/ sondern dieselbe hielt sich mit jhrem reden vnd geberden gar messiglich/ vnnd gabe nicht Antwort/biß sie gar wol verstanden/was man sie gefraget oder mit jr geredt hett. Die dritt war der Welt noch nit wol berichtet/ Aber sie war die allerlieblichste/mit

stäten

stäten vnd hübschen züchten vnd geberden/ vnnd redet langsam gnug/ sie war auch mit jhrem Gesicht sonderlich stät/ vnd demütig für den andern/ Also bedacht sich die bottschafft/ wie sie wider zu land fahren/ vñ dem König jhrem Herzn erzelen vnd sagen wölten/ was sie gesehen vnnd funden hetten/ daß er nemen möcht/ welche jm am aller gefelligsten were/ Kamen also zum Könige vnd der Königin/ vmb vrlaub zubitten/ vnnd jhnen der ehren vnd des guten/ so sie jn gethan hatten/ zudancken. Der König fraget sie/ was sie seiner Töchter halb bedeuchte? Da antworten sie jhm/ Nichts denn alles guts/ sie wolten jhrem Herren sagen/ er solt deren eine nemen nach seinem willen/ Also begabt sie der König mit köstlichen gaben/ damit sie also von jm schieden/ vnnd frölich wider in Engelandt kamen/ jhrem Herren dem König alle gelegenheyt der Töchter sagten. Darauff der König bey den seinẽ vmbfragte/ welliche sie riethen die er zum Gemahel nemen solt? Da riethen jr viel/ vnd der mehrer theil/ er solt die älter/ oder die ander nemmen/

men/dann es vil zimlicher vñ ehrlicher wer/ die älter vnd schönst zuhaben deñ die jung. Aber als der König gar ein weiser Mann war / vnd jhr aller meinung hatte vernommen/ sprach er zuletzt: seine Vorfarn hetten weder durch geitzes/ noch grosser schöne willen nicht geweibet/ sondern allweg den ehrẽ/ guter weise vnnd wandel nach/ deßgleichen/ sprach er / wil ich auch thun / Denn ich habe offt hören sagen / daß gar dick mißrahten sey/ Frawen zunemmen nach gefallen vnnd schöne/ vnnd nit vmb steten vnd guten wandel / Denn hie in zeit nichts bessers ist / denn ein Fraw von gutem wesen / weise vñ geberden / Darumb so erwehle ich mir die dritte Tochter/ die jünger vnnd kein andere / vnd ließ auff das nach jhr schickẽ / deß die andern grossen verdrieß hatten / vnd ward also die/ so der besten weise vnd geberden war / Königin imm Engeland / daß die älter durch jhr vnstet Gesicht vnd leichtfertige geberd/ deßgleich die ander durch jr zuuiel vnmässigs reden / verloren. Bey solchem/meine lieben Töchter / nem̃end ein vorbild euch zuhüten

vor

vor zuuiel reden / vnd hin vnd her zusehen/ Denn wer viel redt/der mag nicht allezeit wol reden/Man soll auch wol hören vñ vernemmen / ehe man Antwort gebe/ vnnd sich wol bedencken / ehe man rede / so mag man deß gewisser vnnd vernünfftiger Red vnnd Antwort geben / Denn auß viel reden vnnd vnbedachter antwort/viel vnnützes/vnd selten guts mag erwachsen/sonderlich Frauwen vnd Jungfrawen / wie ich euch des ein beyspiel sagen wil / das mir selbst widerfahren ist/mit einer schönen/edlen/wolgebornen Jungfrawen / die man mir antrug zuuerheyrathen.

Wie der Ritter vom Thurn nicht wolt ein Jungfraw von wegen jhres wandels.

ALs mich mein Vatter zu jr fürt sie zubesehen / wurden wir gar wol vñ frölich empfangen/ Als ich kam zu redẽ mit der Jungfrawen/jr wesen vñ gemüt zumercken/begab sich in vnsern redẽ/ daß wir von gefangenen sagten/da sprach ich zu jr / daß ich viel lieber in jrer gefencknuß seyn wolt dann in keiner anderen/ der meynung/jhr gefencknuß würde mir nicht so hart seyn als der Englischen. Da antwort sie mir/es were nicht lang/ daß sie einen gesehen/den sie wölte / daß sie jhn gefangen hett. Ich fragte sie/wie hart sie doch den inn Gefencknuß halten wölte? Sprach sie: Ich wölt jhn als werth halten als meinen eigenen leib. Sagt ich / der were glückhafftig/ der ein solch edle süsse gefencknuß haben möchte. Was soll ich sagen/sie war ohn massen gespräch/vnnd von viel reden/vnd nach jrem bedüncken vermeynte sie gar höflich zu seyn / Am abscheidt war sie gar schnell / vnnd bate mich/ ich solt es nicht lassen / vnd schier wider kommen / vnd war mir so geheym / als ob sie mich alle jhr tag erkannt / wiewol sie mich vor nie mehr gesehen hatt/denn allein / daß sie wuste / wie man zwischen vns beiden der vermähelung halb geredt hette. Da wir nuh von dannen kamen/fraget mich mein Vatter/was mich jhrenthalben bedeucht/ ich solt jm meinen willen

len vnnd meinung sagen? Antwort ich jhm: Herr Vatter / sie bedünckt mich hübsch vnd gut / aber so ferr ichs an euch haben mag / muß sie mir näher nicht werden / denn sie mir jetzt ist / vnd öffnet jhm darneben jhr wesen vnnd geberde / vnd nam sie nicht / Deß ich seither Gott offt gedanckt hab / denn es verschienen darnach nicht anderthalb Jar / sie ward höchlich verleumbdet / nicht weiß ich ob es war mit schuld oder vnschuld. Hierumb lieben Töchter / sollen edel vnd wolerborne Junckfrawen / eins freundtlichen demütigen vesten wesens vnnd wandels seyn / mit höflicher vnd züchtiger Antwort / vnnd nicht zuuiel offenbar noch leichtfertig mit jren gesichten vnd geberden / Denn manche an jhrer vermähelung dardurch verhindert wird / vnd in sachen verdacht / das vielleicht in jhr gemüt nie kommen ist.

Wie

Wie ein Tochter von Arragonia einen König von Hispania/von jhrer geberd wegen verlor.

VUrbaß liebe Töchter/ wil ich euch deßhalb noch ein Beyspiel sagen/ wie eins Königs Tochter von Arragon/ einen König von Hispanien/ durch jhr ungeberde unnd thörliche weiß verlor/ der sie sonst zu einem Gemahel genommen hette/ dem ist also: Ein König von Arragon hett zwo Töchter/von denen der König von Hispanien die eine zum Gemahel nemmen wolte/ Und damit er dest baß nach seinem gefallen jhr Sitten/Weiß unnd Geberde erlernen/ unnd die züchtigste unnd beste nemmen möchte/ verwandlet er sich in gestalt eines knechts/ und reit mit seiner Bottschafft an den Hof des gemeldten Königs/ die Töchter zubesehen/ Unnd verbot damit/ daß sie jhm kein ehr erbieten/noch sagen solten wer er were/ Also wurden sie mit hohen wirden wol empfangen/Da gedacht die älter Tochter nicht anders/denn es wer von jhrent wegen/Also vnd auff das bliebē sie allda drey tag vnnd nacht/eygentlich zuuernemmen weise vnnd geberd der gemelten Töchter. Vnd als der König von Hispanien vnkeñtlich war/hatt er jhr gar geflissene achtung/vnd nam war wenn man die älter grüßte/daß sie durch die Zeen vnd hochmütiglich antwort gab/Aber jhr schwester die war gar demütig vnd züchtig/vnnd sprach den Leuthen gar senfftmütiglich zu. Er nam auch war/daß die zwo Schwestern mit zweien Rittern im Bret spielten/vnnd daß die älter mit einem Ritter zürnen ward/vnd sich höchlich entrüstet. Aber jr schwester/wiewol sie auch verloren hatte/thet nicht dergleichen vmb jhren verlust/sonder sie erzeigt nicht minder gütigkeit denn ob sie viel gewonnen hett. Da das der König von Hispanien ersahe/berüfft er sein Volck/vnnd sprach in raths weiß zu jhnen: Jhr wissend/daß die Könige von Franckreich vnnd Hispanien nicht vmb Geitz oder Guts/sonder allein

vmb

vmb Adels auch guter Sitten vnnd Ehren willen heyrathen sollen / vnnd mit Frauwen die zu Kindern fürsichtig seien. Nuh hab ich beider Töchter wandel gesehen / vnnd wil mich bedüncken die jünger sey die demütigest vnnd züchtigest / vnnd nicht so hochmütig als die älter / darumb so nemmet die jünger / denn ich sie für die älter wil erwehlen. Da antworten sie jhm / vnnd sprachen: Die älter ist die hübscher / vnnd euch ehrlicher vmb sie zuwerben / denn vmb die jünger. Sagt jnen der König: Bessers ist nicht auff Erden denn demuth vnd einfeltigkeit / darumb dieweil ich sie gesehen hab die tugentlichste / so wil ich sie haben vnd erwehlen. Auff das fügt sich sein bottschafft zum König von Arragon / vnd begerten die Jünger Tochter zuhaben / deß sich der König vnd alle die seinen sehr verwunderten / daß sie nicht die älter gefordert hetten. Also ward die jünger Königin zu Hispanien durch jhr demütige vnd freundliche red / die sie gegen Leuthen / arm vñ reichen gebrauchte / daß denn die älter hefftig beleydigte vnd verschmachte. Deßhalb liebe Töchter/ so nemet hiebey Exempel/ züchtig vnnd demütig zu seyn/ so werdet jhr von Gott vnnd von der Welt lieb gehabt/ Denn ob allem gefallen gegen der Welt/ so hat demütigkeyt vnnd sich meniglichem freundtlich zuerzeigen/ den Preiß vnd danck/ vnd vor allen dingen soll sich kein Frauw entrüsten noch erzürnen lassen/ weder vmb verlusts noch vmb gewinns willen/ sonderlich vor den leuthen/ sonder soll eins senfften hertzens vnd demütiger Antwort seyn/ Als Gott der Herr in seinem Euangelio spricht/ je höher vnd verstendiger du bist/ je mehr du dich demütigen solt/ Denn so viel mehr sich einer demütiget/ je mehr er wirdt erhöcht/ Als denn diese junge Tochter thet gegen dem König von Hispanien/ den sie durch sollichs zum Gemahel erlangt/ vnnd ein ehrentreiche hochgelobte Frauw ward.

Die Weiber sollen nicht Hadermetzen seyn.

MEine liebe Töchter/ wöllet euch auch hüten/ daß jhr mit vnbesinnten thörichten Menschen nicht krieget oder hadert/ insonderheit die da gehe böse köpff haben/ denn es ist gar sörglich/ wie ich euch denn daruon ein beyspiel sagen wil. Es begab sich auff einem Hofe/ da gar viel Frawen vnd Jungfrawen waren/ daß vnter denselben eins Ritters Tochter war/ die zürnet mit eim jungen heyßköpffigen Edelmann vber dem Brettspiel/ da der anfang sich allein begab/ daß sie sagt/ es wer nicht recht/ vnd die reden sich vnter jn zweien so weit verlieffen/ daß die Jungfraw sprach/ er wer ein Narr/ vnd damit von dem spiel lieffe. Also fügt ich mich zu jhr/ vnnd sagt: Mein schöne Junckfraw lasset euch nicht bewegen vnd geht von jhm/ denn jhr wisset wol daß er von schmelichen bösen worten ist. Aber sie wolt mir nicht folgen / vnnd ward noch weiter entrichtet / vnnd braucht viel vnnützer wort/ deßhalb er jr als ein Narr antwort gab/vnd sagt / Er wer besser denn sie. Sprach sie/ er sagte nit die warheyt. Antwort er jhr/ wenn sie so weiß vnd gut were als sie vermeynte / so gieng sie nicht zun Männern nachts on liecht in die Kamern / sie an jrem Beth zuküssen / Also vermeinte sie sich gar wol an jm zurechen/vnd sagt er löge. Sagt er / ich leug nicht / denn sollichs hab ich gesehen. Das hörten nuh viel Leuth/die sich des verwunderten/vñ doch nichts darzu redten/ Denn das etliche sprachen / ein gut schweigen wer besser denn zuuil reden/vnd sie hette sich mit jr eygenen Ruthen geschlagen/ die ding durch jre zung vnd gechzornige rede verursachet. Von denen worten sie anhub zuweinen/vnnd sprach / er hett sie on schuld geschendet vnd verleumbdet/ er aber mit lautem schreien öffnet sollichs vor aller menicklich / mit noch mehr andern beschuldigungen vnnd schändlichen worten / dermassen/ daß jr sollich geschrey nimmermehr abgienge/

ge/ Ward also durch jhren hochmuth vnd thörlichen gebrauch jhrer wort vor menniglich geschendet vnnd zum ärgsten außgerüfft. Deßhalben hiebey ein gut Exempel zunemmen ist/ daß sich ein Fraw nit soll entrichten lassen von vnehnlichen Personen/ die man weiß daß sie eins stoltzen vnträglichen gemüts seien/ sonder sie scheuhen vnnd fliehen/ Vnd weñ man sicht daß sie zornig seind vnd schmehlich reden wöllen/ soll man kein weitern Pracht mit jhnen haben/ sonder zu jhnen sagen: Ich sihe wol was die meinung ist/ ich wil von euch gehn/ wie denn ein Ritter/ den ich gekennt hab/ einer Frauwen that/ die auch eins sollichen hitzigen vnnd streittigen wesens war/ dieselbig sagt von jhm gar viel arges vnnd vnehr vor menniglich. Er aber sprach also: Frauw jhr möcht von mir reden was jhr wöllet/ vnd wiewol jhr mir vnrecht thut/ so laß ich es doch geschehen/ vmb deß willen daß jhr vermählet seid/ wil ich mich nit mit euch in zanck legen. Vnnd da sie jhe nicht schweigen wolt/ nam er ein Halmen vnnd legt den

 für

für sie/vnd sprach: Fraw dieweil jhr je krieg vnd vnfried haben wöllet/so krieget mit diesem Halmen/ den laß ich euch hie an meiner statt/mit dem so gieng er hinweg / vnnd ließ sie machen / Dasselb masse man dem Ritter zu grossen ehren vnd vernunfft/vnd sie blieb viel vnuernünfftiger denn vor / dieweil sie niemand hatt/mit dem sie jhren krieg mocht außrichten . Also sol man auch denselben leuthen thun/denn welche Fraw oder Jungfraw sich derselben bekümmert/setzt ehre vnd gelimpff auff gerath wol/das kompt daher/ daß sie in jhrem zorn viel mehr sagen denn sie wissen / darumb ists gut / daß man sich vor jhnen hüte.

Wie ein Edle Jungfraw auff einer Hochzeit einer Edlen Frawen mit eim stecken die Nasen zerschlug/ daß sie dieselb jres Mannes bezichtiget.

AVch wil ich euch sagen ein Exempel / wie sörglich vnnd böß es ist/daß ein Fraw jhres Manns eyfert vnnd förchtet.

Es

Es ist gewesen eins Edelmanns Hauß-fraw/die hatt jren Haußwirt so vbermessig lieb/daß sie sein vor allen denen die mit jhm redten sehr förchtet / darumb sie denn der Herr offt vnd dick gütlich straffte/vnd vermeynt sie dauon zuweisen / es war aber an jhr vergebens. Vnter andern aber forcht sie sein am allermeisten vor einer hochmütigen stoltzen Jungfrawen des Lands/ mit der fieng sie an auff ein zeit zu zürnen/ vnd wolt sie jhres Manns zeihen / das verantwort die Jungfraw auffs best sie mocht/ vnd sagt/daß sie jr vnrecht thete. Die Fraw wolt aber darumb nicht ablassen/vnd vermeint je es were war/begunden also einander auff beiden seiten mit gar bösen worten handlen/biß zuletst die Jungfraw so höchlich erzürnet ward/daß sie die Frauwe mit einem steckē vber die Nasen schlug/mit eim solchen grossen streich/daß sie jr die Nasen hart zerschlug/daruon sie all jhr tag ein krumme vngestalte Nasen haben mußt/vnd so vngestalt ward/daß jhr der Mann gram ward/vnd sein liebe anderßwahin legt/sol-

lichs verursachte sie allein durch jhre eyffe-
rung/ vnd kam darumb gegen meniglich in
gespött vnd verachtung. Dabey zuuerstehen
ist / daß kein Fraw dergleichen thun sol/
sonder sie soll jhren schmertzen / so eine den
hat/in solchen sachen mit gedult vnd heym-
lich tragen / wie denn eine meiner Mumen
gethan / vnnd mir das auff ein zeit selber ge-
sagt hat.

Wie ein Fraw jrem Herrn das bu-len verziehe biß auff gelegene zeit.

DJeselb war vermähelet einem
Herren / der bey tausent Pfun-
den Gelts / vnnd ein grossen
Stand hatt/derselb war so vn-
ordenlich mit fleischlichen wercken / daß er
alle tag eine oder zwo Frauwen in seinem
Hauß enthielt / vnd offt stund er des nachts
auff von seiner Haußfrauwen/ vnd legt sich
zu denselbigen thörichten Dirnen / wenn er
denn wider in sein kammer kam/ fand er ein
brennends Liecht/vnd darbey Wasser stehn
sein Hende zuweschen. So sagt er: er keme

vom heimlichen gemach. Sprach sie/ mein lieber Herr/ darumb so seid jhr ewers Hend weschens bedürfftig / vnnd redt nicht weiter. Darnach auff ein zeit sprach sie heimlich zu jhm / da sie bedaucht daß es zeit vnnd füglich were: Herr/ich weyß wol vmb ewer sachen/die jhr bißher geübt habt / in der vnd der gestalt / da ewer lust vnnd gefallen euch deß weiter zugebrauchen / vnnd daß jr euch deß je nicht massen mögt/wil ich darumb nicht zürnen / noch dergleichen thun / denn vnweiß were ich/mein Haupt darüber zurbrechen / euch zustraffen / wenn es nicht anders seyn möchte: Aber ich wil euch bitten/daß jhr michs nicht wölt lassen entgelten / so wil ich mich des vberigen verzeihen/vnnd mich nach ewrem Gebot vnd gefallen halten. Da er sie also gedültiglich hörte reden / hatt er eine grosse bewegung vnd mitleiden mit jhr / begundt jr zugehorsamen/ vnnd zuletst der ding sich gar abthun/das sie mit jrem straffen / oder mit andern dingen nit zuwegē bracht haben möcht. Also ist das ein gute vnterrichtung / daß ein

ein Fraw jhren Mann mit tugenden vnnd gehorsam / von vnzimlichen dingen baß denn mit rauh oder grobheyt ziehen mag. Denn es seind etliche eins sollichen gemüts/ wenn man mit jnen zürnet/ fürnemlich jhre Haußfrawen/ daß sie es viel deste ehe vnterstehen/ vnnd arges thun / doch das recht angesehen / soll sich ein Ehemann keines vnwillens gegen seiner Haußfrawen annemmen/ daß sie sein förcht / deñ der weiß Mann spricht / daß dieselb forcht auß rechter Liebe entstehe / wie ich gedencke / daß es auch war sey / Auß der vrsach / Ein Mensch der mir nichts verwandt oder lieb were/ bekümmerte mich sein vbel oder wolthun nicht hoch/ aber von meinem Nechsten oder von meinem Freund/ empfahe ich schmertzen vber seinem bösen handel / Darumb so ist forcht oder eyferung nicht on grosse liebe / Doch ist sie zweierley/ eine böser denn die ander/ Etliche seind on alle vrsachen / die ist die böste/ deßhalben ist viel besser daß ein Fraw vmb jhrer ehren vnd staths willen leide vnd vertrage / denn daß sie anders darzu thu / Darumb

rumb wie ich vor geredt hab/ sol auch ein Mann seinem Weib nicht so höchlich für vbel achten/ so sie ein wenig fürchtet/ denn sie erzeigt jhm damit daß jhr Hertz besorge vnnd förchte/ daß die liebe so jhr von der Kirchen zugeordnet ist/ entzogen/ vnnd einer andern mitgetheilet werde/ doch je weiser sie seind/ jhe minder sie dergleichen thun/ als ob sie es mercken/ vnd jhr anligen desto vernünfftiglicher bedecken vnnd verschweigen können. Deßgleichen soll auch der Mann so wenig er mag/ sich lassen mercken/ denn es ist ein grosse vernunfft/ sich daruor zuhütẽ/ Were es aber daß die Fraw vermerckte/ daß der Mann jhr förchte/ oder etlich leichtfertigkeyt von jhr verneme/ das soll sie zu keinem vnwillen haben/ sonder sich des weißlich vnnd mit vernunfft entziehen/ vor niemand sich des lassen mercken/ auch solichs niemand öffnen/ wie geheym er jhr auch sey/ vnd ob er jhr des in einigerley weg gedecht/ mag sie zu jm sprechen/ daß sie wol wisse/ daß sollich sein sorg vnnd forcht auß rechter liebe komme/ darumb besorge er daß

sie diesie dieselb jhre lieb nicht anderß wohin kere/ aber er bedörff sollicher sorg nicht/ denn sie wöll die lieb zwischen jhnen ob Gott wil steth halten/ Vnd also mit solchen hübschen tugentlichen worten soll sie jhm sein thörliche anfechtung vnterstehn zubenemmen/ denn so sie solchs mit zorn/ oder bösen worten auffneme/ würd sich erst das fewr seines gemüts entzünden/ vnnd jhm vrsach geben noch viel bösers zugedencken/ vnnd sein forcht damit mehren/ Denn es seind viel Frauwen die sich viel harter vnd vnfreundlicher erzeigen/ wenn man jhnen die warheyt sagt/ denn wenn man sie der lügen beschüldiget/ darumb diß ein gut Exempel ist/ wie ein Mensch sein gemüt vnnd gedancken in diesen dingen messiglich halten soll.

Wie ein Bürger sein Weib zu der Erden warff/ jhr das Angesicht vnd Nasen dermassen zertrat/ daß sie biß an jr end ein vngestalt Angesicht haben mußt.

EIn Frauw sol auch mit jhrem Mann nicht kriegen/ noch jhm in seinem zorn allwegen Antwort geben/ daß jhm mißfallen mög/ Als denn auff ein zeit ein Bürgerin thet/ die gab jhrem Mann auff alle seine rede schmehe vnnd böse Antwort/ dardurch derselb Bürger eins mals so hart vber sie erzürnet ward/ daß sie jhm solchs offentlich vor den Leuthen thet/ da er sich sein höchlich schemen mußte/ Vber das er sie etwan dick hatt gebetten zuschweigen/ daß er sie mit einer Faust zu der erden schlug/ vnd hartiglich mit den Füssen in jr Angesicht trat/ also/ daß jhr die Nase gantz vnd gar vngeschickt ward/ vnnd all jhr lebtag also bleiben

mußte/

mußte / da jhr doch viel weger gewesen were / daß sie geschwigen / vnnd jhr streiten vermitten hette / Denn gar billich ist / daß der Mann den vortheyl habe / die sach sey recht oder nicht / Vnd wenn ein Fraw das nicht thut / vnd sich jhm widerwertig erzeigt / ist jhr schand vnnd laster deste grösser vor den Leuthen / Aber sie mag jhm mit tugenden vnd vernunfft vnterreden / jhm sein jrrung sagen / vnnd gütlich vnterstehen daruon zu weisen / Jst er denn ein Mann von ehren / so hat er sollichs von jhr zudanck vnnd gefallen / Deß nemme ein jede fromme Frauw Exempel bey der Königin Hester / des Königs von Syrien Haußfraw / Derselb König war gar eines hitzigen gemůts / deßhalb so gab sie jhm in seinem zorn gar keine Antwort / Aber darnach wenn sie sahe daß es zeit war / redet sie mit jhm nach allem jhrem willen / Dergleichen auch alle fromme Frawen thun sollen / ob sie anders Vernunfft in jnen haben / denn welche sich also streittig vñ vngehorsam erzeigẽ / die thun als eins kauffmanns Weib / daruon ich euch sagen wil.

Wie

Wie drey Kauffmänner jhre Weiber probierten/welche jrem Mann die gehorsamest were.

ES geschach eins mals/ daß etliche Kauffleuthe auff einen Marckt mit einander ritten/ Tuch zukauffen/ Vnter denen sprach der eine/ daß nichts bessers were/ denn ein Fraw die jrem Mann gehorsam were. Sagt der andere: Die meine ist derselben Frauwen eine/ vnnd mir vast gehorsam. Sprach der dritte: Ich vermeyne die mein sey mir noch gehorsamer. Auff das theten sie eine Wettung/ also/ welchem vnter jhnen seine Frauw die allergehorsamest were/ der solt die Wettunge gewunnen haben/ vnnd schwuren damit einander/ daß keiner seinem Weib nichts daruon sagen solte/ anders/ denn also solt er sprechen: Haußfraw/ was ich dich heiß/ das wil ich daß es geschehe/ Vnnd giengen also miteinander in des einen Hauß von den dreien. Derselb sprach zu seiner Frawen: Ich befilhe dir / was ich dich heysse / das es geschehe / Mit dem so hieß er sie inn ein Becken springen. Fragt sie warumb das were? Sprach er / ich wil das warlich gehabt haben. Sagt sie hinwider / sie wölt es nicht thun / sie wüste denn warumb es were. Also ward jr Mann vor den andern schamrot / vnnd gab jhr darumb ein guten backenschlag / Damit schieden sie von dannen / vnnd kamen in des andern Hauß / Der sprach zu seim Weib / wie der vorig / daß sie sehe daß sein Gebot geschehe / hieß sie auch in ein Becken springē / da wolt sie auch wissen warumb / vnnd anders wolt sie es nicht thun / die ward nu auch hart geschlagen wie die erste. Darnach giengen sie inn des dritten Kauffmans Hauß / da funden sie den Tisch gedeckt / vnd mit guter speiß wol zugericht / Redt der Kauffmañ heimlich mit den andern zweien / daß er erst nach dem essen sein Weib auch wölt heissen ins Beckē springen / vnnd satzten sich also zum Tisch nider. Da sprach der Kauffman zu seinem Weib: Nuhn hab eben acht was ich dich heysse daß

du es

du es thust. Also die Frauw/ die jren Mann höchlich forcht/ da sie solche rede hört/ wißt sie nit was sie gedencken solt. Es begabe sich daß der Mann mit schnellen worten zu jr sprach: Saltz auff den Tisch/ als deñ saltz vnd springen in Welscher Sprach gar nah ein gleich wort zureden ist/ verstunde die Fraw/ daß sie jr Mann hett heyssen auff den Tisch springen/ vnnd sprang eilends auff den Tisch/ jrs Manns gebot zugehorsamẽ/ daruon alles das auff dẽ Tisch vmbgeschüt vnd verwüstet ward. Sprach der Kauffmann: Ist das dein zucht vnd geberd/ kanst du nicht anders Hoffsitten? Herr/ sprach die Fraw/ ich hab ewern geheyß erfüllt/ denn jr habt gesagt/ was jhr mir gebietet das soll ich thun/ das hab ich auch gethan nach meinem vermögen/ wiewol das ewer vnd mein schad ist. Neyn/ sprach der Kauffmann/ ich habe nicht gesagt/ daß du auff den Tisch springẽ/ sondern Saltz darauff thun sollest. Fürwar/ sagt sie/ ich habe nicht anderst verstanden/ denn ich solte thun was ich gethan hab. Deß sie denn alle drey sehr zulachen bewegt wurden/vnnd sprachen die zween erste Kauffmänner/ es were nicht noth daß sie in das Becken sprünge/denn sie hette gnug gethan/ vnd jhr Mann hett die Wettung gewunnen. Also warde dieselbige Frauw gelobet für die gehorsamest gegen jhrem Mann. Dergleichen thun auch alle Edle Frauwen/ die erzeigen / ob sie eines freien hertzens seien oder nicht / das ist durch höflichen vnnd guten wandel. Vnd als viel eine freiers hertzens ist / als viel sie dest lieber den gebotten jhres Manns gehorsamet / vnnd jhn mehr förchtet. Hiemit so habt jhr den vnterscheid / wie sich ein Frauw gegen jrem Mann halten/dem vnderthenig vnnd gehorsam seyn sol in messigen dingen.

Wie

Wie ein Edle Fraw an jrem Todtbeth lag/ vnd zwey kleine schwartze Hündlin auff jr lieffen/ vnd jhr jhren Mund vnnd Lefftzen schleckten/ daß sie so schwartz wurden als ein Kol.

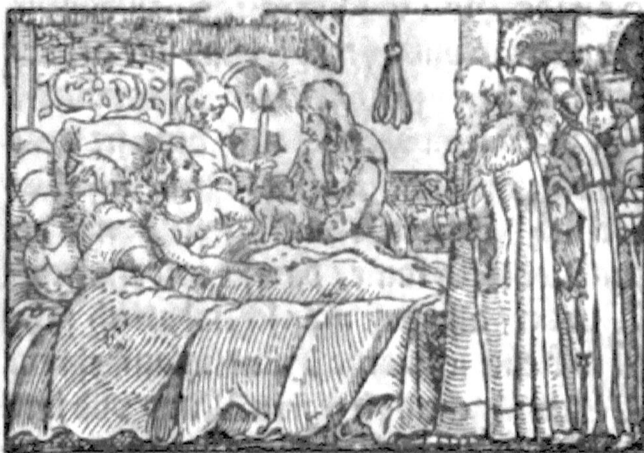

JHr liebe Töchter/ nuh wil ich euch ein Exempel sagen von den Frauwen die jren lust vnnd liebe an die Hunde legen/ vnnd die mit fleisch vnd anderer menschlicher kost speisen vnnd ziehen/ darmit wol arme Kindslin möchten erzogen werden. Es war eins mals ein Edle Frauw/die hatt zwey Hündlin/die jhr sonderlich lieb waren / vnd grossen fleiß auff sie setzte / ließ jhnen eygene Schüsseln machen/ speiset sie mit gutem Fleisch vnd Suppen. Es kame aber auff ein zeit ein Waldtbruder zu jhr / der sprach: es wer wider Gott/vnd vnrecht gethan/daß die Hund groß vnnd feyßt / vnnd die armen Leuth hungerig seyn solten. Das nam sie jhm zu grossem vndanck auff/ denn sie wolt sich darumb nicht straffen lassen. Also begab sich daß sie in Kranckheit fiel / vnnd an das Todtbeth kame / da erschiene ein groß Wunder / also daß man scheinbarlich sahe zwey kleine schwartze Hündlin auff jhrem Beth vmbgehen/die jr jren Mund vnd jhre Leffitzen an jrem hinziehen schleckten/dauon er jr so schwartz ward als ein Kol. Das hab ich gehört von einer Jungfrauwen die es hat gesehen / vnnd mir dieselbe Frauw mit jhrem Namen nennete. Dardurch ein jede Frauw ein Exempel nemmen mag/sich vor sollichem hüten/vnnd nicht Fleisch oder andere gute speiß den Hunden geben/ vnnd arme me Leuth deß lassen manglen/die da Gottes Creaturen/sein Geschöpff/sein Ebenbildt/ als seine Diener vnd Weybel auff diß Erdrich gesetzt seind. Diese Frauw ist auch wenig eingedenck gewesen der wort des Herren inn seinem Euangelio / da er spricht: Was du gutes hie in zeit den Armen thust vnd mittheilest/ das thust du jm selber. Sie hat sich auch nicht gleichet der weisen frommen Königin Sanct Loyen Mutter/ deren gefallen denn nicht auff liebe der Hunde vnnd andere Vppigkeit geneyget war / sonder die beste Speiß so für sie kam / gab sie den Armen vmb Gottes willen. Dergleichen Sanct Loy an jhm ein gewonheit hatt/ die Armen zu besehen/vnd mit seiner eignen Handt zuführen. Darumb aller frommen Frauwen neigung vnnd gefallen seyn soll/ die Armen Waisen auffzuhalten/zubesehen vnnd zuspeisen / wie denn ein fromme Gräuin von Mentz thet.

Wie ein Gräuin von Mentz an jhrem Todbeth lag/ vnd man ein grosse klarheit von kleinen Kindern vmb sie erscheinen sahe.

DJeselbe Gräuin hett allzeit bey dreissig Waisen vnnd armer Kinder/ vnnd sagt/ es were jhr gröste kurtzweil / darumb sie von Gott geliebet ward/ vnnd dardurch zu einem heiligen leben vnd ende kam/ Also daß man an jhrem Todtbeth ein grosse klarheit von mancherley Kindern vmb sie erscheinen sahe/ vnd waren nicht kleine Hündlein/ als man bey der vordrigen gesehen hat.

Die Weiber sollen nicht newe Trachten an sich nemen.

AVch meine liebe Töchter/ wil ich euch bitten/ daß jhr nicht wölt die erstē seyn newe Trachten an euch zunemmen/ in denselben dingen verziehen vnd langsam seyn/ fürnem-

fürnemlich in den Trachten die Frauwen in andern Landen üben / als ich euch ein zanck vñ streit sagen wil von einer Gräuin/ die in dem Lande Hybernia wohnet/ Dieselb Gräuin verwiß einem Ritter / der ein weiser Mann war / daß seine Haußfrauw nicht bekleidet noch so wol vnd hübsch auffgebutzet were/ als die Frauwen zu Hybernia / zu Britannien vnd an andern enden. Da antwort jhr der Ritter/ vnd sprach: Fraw wenn mein Gemahel nach ewern Sitten sich hielte wie jhr / was nutzes möcht das auff jhm haben? dieweil jhr mich doch also beschemen wöllet/ könnet jr nicht erachten/ daß ich auch sie wol nach den newen Sitten/ den jhr vnd andere in Franckreich habt/ mit kleidern vnd zierung jhres Leibs vnd Haupts zuhalten hette? Warlich ja/ Aber ich wil nicht daß sie jhren Standt verwandle/ noch sich anders halte oder bekleide / denn wie die fromme Frauwen in diesem Land / vnnd nicht thue als die thörechten Dirnen in Engellandt/ die allwegen die ersten seind newe Fünd vnd Trachten zuerdencken / darumb ich wenig halte von den Frawen die solches thun/denn all mein tag hab ich gehört von den Weisen/daß alle fromme Frawen sich nach sitten vnd gewonheit jhres Lands halten sollen/vnd daß die Weisen die erste seien solche Trachten zu verachten/ Darum̃ ists besser daß ein Fraw ein kleidung vnd stath halte/ dadurch sie guten namen bekomme/denn einen daruon sie beseumbdet werden mag. Diese rede geschahe öffentlich vor den Leuthen/deßhalben die Gräuin von dem Ritter dermassen geschweigt warde / daß sie nicht mehr wißte was sie jm zu Antwort geben solt / auch viel Leuth in jn selber lachen wurden / vnnd sprachen: daß ein gut schweigen besser were/denn zuuiel reden. Darum̃ liebe Töchter/ist es ein gut ding/ ein mitlen stath zuhalten/ nach weise der frommen Frawen/ vnnd des gemeinen Sitten des Landes darin̄ man ist/denn die also frembde Trachten an sich nemmen / viel ehe verspottet werden/ denn mit den Sitten des Landes/ wie der Frawen von dem gemeldten Ritter widerfuhr.

Von

Von den newen Sitten/ Predigt eins Bischoffs.

Ein wolgelehrter Bischoff prediget auff ein zeit/ daselbst waren gar viel Frawen vñ Jungfrawen bekleidet vnd wol geziert mit frembden vnnd neuwen Trachten/ Darumb er anhub/ viel guter beyspiel sagt/ vnnd von ersten/ wie bey Noe zeiten durch die Hoffart/ vnzimliche gezierden vnnd schendtliche Sitten der Welt/ damit sie der Teuffel in die vnreyne Sünd der vnkeuscheit bewegt/ die Sindflut kame/ denn solche sünden mißfielen Gott so höchlich/ daß er viertzig tag vnd nacht ohn vnterlaß regenen ließ/ biß das Wasser fünfftzehen Elenbogen hoch vber alles Erdtreich vnd die höchste Berge gieng/ vnnd alles Erdtreich ertrenckt/ daß niemand blieb denn Noe/ sein Weib/ vnnd seine drey Söhne vnnd Töchter. Vnd da der gut Mann jhnen solches vnnd andere beyspiel sagt/ meldet er/ daß die Frawen die also hörner vñ geschew auff

jren

jren Häuptern trügen/dem Teuffel nit vngleich/der denn auch solcher maß gehörnet were/Sie theten es den Männern zugefallen mit den kurtzen Kleidern/ denen man alles hinden vnd vorne sehe/vnd Affenspiel auß jnen selbst machten. Mehr sagt er/ daß sie mit solchen hörnern den gehörnten Hirtzen vergleichtē/die jre Häupter in den rauhen engen höltzern nidertruckten/wie sie sich auch in der Kirchen nickten/wenn man das Wort Gottes prediget/daß ich besorge/sprach er / daß der Teuffel auff denselben Häuptern vnd Hörnern sitze/vnnd sie also mache tücken/deñ er des Worts nit begert. Mit sollichen worten vnd der warheit/machet er sie so schamrot/daß sie die Häupter vnterschlugen/vnnd etliche jhr vnzimlich gezierd hinlegten/vnd sich darnach schlechtlich vnd demütiglich bekleideten. Er sagte jnen auch/daß die jhenen die sich so vnmeßlich schmückten/der Spinnen gleich weren/die sich selbs zierte/vnd sich in ein garn oder web wirckte/auff das sie darmit die Fliegen vñ Mücken fahen möchte/Also pflegt auch

der

der Teuffel durch die vnzimliche zierde der Frawen/die Männer betriegen/ daß sie gegen jhnen in vnordenlicher liebe bewegt würden/ vnd in seine band vnd gefencknuß kemen/ wie die Mück der Spinnen/ Darumb sprach er/ daß sich alle fromme Frawen daruor hüten solten/vnd verziehen/ biß es gantz gemein würde/ daß sie sollichen der Welt lauff nicht wol mehr verziehen möchten/ vnnd sagt jhnen ein beyspil / das war also.

Wie etliche Weiber auff ein Hochzeit giengen vber Feldt.

ES begabe sich auff ein zeit/ daß etliche Frauwen vnnd Jungfrawen auff ein Hochzeit geladen wurden/vnnd auß Fürwitz wolten sie all zufuß dahin gehen/ Nuh war auff derselben Strassen ein Gemöß vñ gar ein böser tieffer Weg. Also begabe sich/ daß etliche von den jüngsten Frauwen sprachen: wir wöllen vber das Moß gehn/denn es der

n echst

nechst vnd schlechtest weg ist/Die andern die nicht gech vnd vernünfftig waren/sagten: sie wölten den rechten weg für sich nemmen/ der gewiß vnnd trucken were. Also giengen die jungen die da eygenwillig waren/ durch das Gemöß/ vnd vermeinten sie wolten die ersten vnnd vor den andern auff der Hochzeit seyn/Aber als das gemöß voll alter fauler Stöck vnd Plöcher lag/vnnd sie darauff kamen/ begunden sie vnter zusincken/vnnd biß an jhre Knie einzufallen/vnnd sich vnnd jre kleider gantz zuuerunreynigen vnd verwüsten/also daß sie wider hindersich kerten/ vnnd erst den rechten weg giengen den andern Frawen nach. Nuh waren sie sollicher maß bestrebt vnd verunreynigt worden/daß sie jhre kleider schaben vnnd weschen mußten. Das verzoge sich so lang/biß man schier zum halben Imbiß gessen hett/vnnd meniglich nach jhnen fragte/ also da sie kamen/sagten sie wie es jnen gangen war. Da sprach der Frauwen eine/ die den rechten weg gangen war: Jhr vermeinten die ersten gen Hof zukommen/vnd wolten vns nicht

fol-

folgen/ darumb es recht ist daß euch sollichs widerfahren ist. Also sprach derselbig Mann / ist es auch vmb die Welt / denn die jene die also zum ersten neuwe Kleidungen an sich nemmen / vnnd sich gedencken zufürdern / vnnd für andern angesehen zuwerden / findet man denn einen dem es wolgefellt / so seind doch allweg zehen die sie verspotten. Es lobet sie auch mancher vnter augen / der sie hinderwertz verspottet / vnnd die zunge vber sie außstößt. Darumb sprach er / gleichen dieselben so also am ersten newe Fünd an sich nemen / den gemeldten Jungfrawen / die also mit jhrem fürwitz wurden verspottet / Aber die sich so sitlich vnnd einfeltiglich halten / das seind die den rechten weg giengen / Denn welche sich schlechtlich / vnnd gemeinem lauff nach / mit jhrer kleydung halten / deren kan man nicht wol spotten: Doch wenn es kompt / daß ein neuwe Tracht allenthalben gemein ist / mag man als deñ wol der meysten menig nachfolgen / vnnd thun wie die andern / jedermann nach seinem stath. Aber die weisen sollen verziehen

ziehen als lang sie mögen / so geschicht jnen mit wie denen die in das Gemöß fielen / vnnd vermeinten die ersten zu seyn / vnnd doch die hindersten wurden. Darumb liebe Töchter ists gut / daß man langsam sey neuwe Fünd vnd Sitten an sich zunemmen. Wol ists gut / nach dem die Welt böß vnnd falsch ist / ein mittelmessigen Stand zuhalten / denn so bald ein junge Frauw die hübsch vnd schön ist / etwas newe kleidung vernimbt / oder andere tragen sicht / spricht sie zu jrem Mann: Die oder die hat ding das fast hübsch vnnd wol steht / ich bitte euch / daß jr mir das auch vberkommend / denn ich vnd jhr so gut vnd so hoch seind von Adel als sie vnd jr Mañ / vnnd sucht also viel mittel / biß jhr das gelingt / es sey zimlich oder vnzimlich / auch nicht achtet / ob es der mehrer theil jhrer Nachbawren haben oder nicht / deßgleichen thun die vernünfftigen die man doch für weiß schetzt / derhalben die grossen Meister sprechen: daß Frawen vñ Männer sich verstellen vnd verendern / allein darumb daß sie förchten / daß sie der Welt nicht gleich seien.

Als auch geschach zur zeit Noe/daß sich die Frauwen verstellten/deßgleichen die Männer/aber höchlich mißfellt es Gott/mehr von den Frawen denn von den Männern/ Denn frawen sollen sich einfeltig vnd zimlich halten / dauon ich euch wunder sagen wil/ das mir ein fromme Fraw des Jars als man zalt M.CCC.lxxij. jar/ gesagt hat/ die sprach/ daß sie vnd vil andere Frauwen vnd Jungfrauwen auff einem grossen Fest zu Sanct Margareten/ da Järlichs viel Volcks hin keme/weren gewesen/auff solche Hochzeit kam ein hübsche schöne wolgezierte Jungfrauw/ die viel seltzamer geschmeid vñ kleynot trug/ mehr denn jemand anders/ die besahe man so sehr/ als ob sie ein Meerwunder wer gewesen/ denn jhr gezierde des Haupts den andern nicht gleichet. Also fraget sie der frommen Frawen eine/ wie man den Thurn hiesse den sie auff jrem Haupt trüge? Sagt sie: es wer genannt der galgen Thurn. Das ist nicht ein hübscher Name/ sprach die Frauw/ doch war es jhr gefellig/ Also gieng sie auff vnd ab/vnd sagt wie die

Jungfraw jren Thurn den galgenthurn genennt hett/ Deßhalb sie jederman verspottet vnd begucket/ Also fragt ich wie der Thurn wer gemacht gewesen/sagt sie es mir/ich hab es aber wenig behalten/doch daucht mich/er were erhaben mit silberin Glufen auff vier finger hoch wie ein galgen gar seltzam/ darumb ward sie verspottet vnd nicht fast weiß geachtet.

Deßhalb/liebe Töchter/ wöllet euch vor neuwen zierden vnd vberflüssigen kleidungen hüten/ Denn es ist der anfang alles vbels/dardurch die Engel von Himmel gefallen seind/auch die Sündflut/groß sterben/ vnd krieg/ vorzeiten vnd noch teglichs kommen/ vnnd am allermeisten die Welt zu vnlauterkeit reitzen vnd bewegen.

Wie ein Marschalck ein Weib schamrot macht.

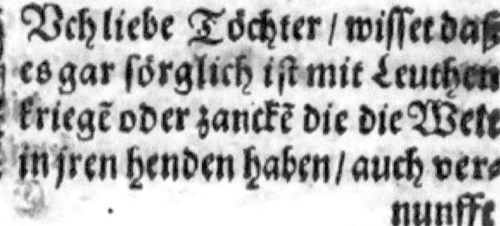

AVch liebe Töchter/ wisset daß es gar sörglich ist mit Leuthen kriegē oder zanckē die die Welt in jren henden haben/ auch vernunfft

nunfft haben zu reden / denn an denselben gar wenig ist zugewinnen / als sich denn eines mals auff einer grossen Hochzeit begab / da viel Herren vnnd Frauwen waren / sonderlich der Marschalck von Claremont / der die Welt in seinen henden hat mit hübschen reden / vnnd der sich vnter Herren vnd Frawen wol wuste zuhalten / Zu dem sprach ein mechtige Frauw: Fürwar jhr habt Gott höchlich zu dancken / denn jhr seid für einen weisen Ritter geachtet / hübsch / vnnd wisset viel wunders / weret auch sonst gantz gerecht / wo ewer liegen vnnd böse Zunge / die nichts verschweigen mag / nicht were. Frauw / sprach er / ist das der böse flecken der an mir ist? Ich gedenck ja / sagt die Fraw. Da sprach er: Dieweil man denn jhe recht richten sol / so bedünckt mich daß jhr ein bösern Mangel habt / vnnd wil euch sagen warumb / Jr habt mir nach ewerem bedüncken meinen Gebresten gesagt vnnd verwisen / so mag ich nicht verschweigen ich muß euch eweren auch sagen / vnnd ist die meynung / daß ich nicht bin so leichtfertiger rede als jhr. Also mußt sie jhm zuhören / vnnd hette wol gewölt/ daß sie geschwigẽ hett/ auß viel vrsachen / die ich nicht sagen wil/ wie ich gehört hab / denn er zuuiel vnnd genug jhren gebresten öffnete / Darumb besser ist zuuiel Demuth deñ zuuiel schnell seyn mit solchen Leuthen/ die die Welt also in jhren Henden haben/ zureden/ vnd sich nicht schemen zusagen zweymal so viel oder mehr/ denn an der sachen ist. Darumb liebe Töchter seiet gewarnt/ euch mit jhnen keiner rede anzunemmen/ denn sie gar sörglich seind/ deß ich euch von solchen dingen noch ein Exempel sagen wil.

Wie drey Weiber wolten einen Ritter schamrot machen.

ES war ein Ritter genannt Boneycaul / den vermeinten drey Frawen schamrot zumachen/ dieselbe Frauwen wusten wol/

wol/daß er ein hübscher vnd weiser Redner für all andern Rittern war/ gar viel Hofweiß vnter grossen Herren vnnd Frauwen üben kundt/ vnd in Weltlicher weißheit wol bericht war. Nuh begab es sich auff einer Hochzeit/ daß diese Frawen allerley Ebentheur sagten/ was jn all jr tag zugestanden vnd begegnet wer/ biß das die eine zu den andern sprach: Die lob ich/ die in guter Gesellen weiß eine warheit sagt/ Ob keyne vnter euch diß Jar vmb Bulschafft gebetten sey worden/ denn warlich ich bin gebetten worden. Da sagt die ander: Bey meinen trewen ich auch: Deßgleichen sprach auch die dritt. Da sagt die Gesprechste vnter jhnen: Die lobe ich/ die den jhren bey Nammen sagt. Sprach die ander/ so ferr jhr es sagen wöllet/ ist es mir auch gefellig/ Darauff sie einhellig wurden/ daß jhr jegliche solches in trewen vnd glauben sagen solte. Sprach die erst: So wil ich es anfahen/ vnd sagt/ es were Boncycaul/ der sie zuletst gebetten/ vnd vmb sie geworben hett. Deßgleichen sagt auch die ander/ vnd die dritt/ daß er sie auch zuletst gebetten hett/ Also sagtē sie vntereinander/ er ist nicht so ein getreuwer Ritter/ wie wir gemeint hetten/ er ist nicht weit/ wir wöllen jhn lassen suchen/ vnd jm sollichs verweisen. Da er nuh zu jhn kam/ fraget er sie was sie sein wolten? Sprachen sie: wir haben mit euch zureden/ setzet euch zu vns nider/ Also wolten sie jn zu jren Füssen haben sitzen/ Aber er sprache: Dieweil ich auff euwer begeren zu euch kommen bin/ so legt mir etwas darauff ich sitze/ denn sesse ich auff die erden/ so würden mir die nestel in meinen hosen zerbrechen. Als sie jm nuh zusitzen zugericht hatten/ sprachen sie zu jhm/ als die so zornig weren: Boneycaul/ wie seind wir jüngst so gar von euch betrogē worden/ deñ wir hetten gemeynt/ jhr weret ein getrewer Ritter gewesen/ so seid jr anders nicht denn ein Frawenbetrieger/ das ist ewer mangel. Wie/ sprach er/ lieben Frawen/ was hab ich gethan? Was jr gethan habt/ sprachen sie/ ist euch wol wissend/ jhr habt mich vnd meine Gespielen vmb bulschafft gebetten/ vnnd was jhr vns zugesagt vnnd mit vns geredt

habt/

habt/ist alles erlogen gewesen / denn jr nicht trew seid / noch mit trewem hertzen die Frawen lieb habt / darumb jr falsch vnd betrieglich seid/ vnd nicht in die zahl der frommen Ritter zusetzen. Habt jhr außgeredt/sagt er/ so habt jhr vnrecht / vnnd wil euch sagen warumb / denn die zeit als ich sollichs mit ewer jeden geredt habe / war es mein lauter ernst/ vnnd hatt auff das mal nit andere gedancken / derhalben jhr vnrecht habt / daß jr mich für ein lügner haltet/ doch muß ichs vertragen / jhr habt anders nichts zuthun/ denn mich mit ewern worten außzurichten. Da sie das hörten / daß er jhnen nichts folgen wolt/ sprach eine zu der anderen : Ich wil euch sagen was wir thun/wir wöllen hin zum dantz gehn/Sprach die ander/Fürwar mein sinn steht nicht zu dantzen/ vnd ich vergönn euch mein theil/Also sprach auch die dritt. Darauff antwort Boncycaul: Meine Frawen/ich bin nicht also zuzertheilē wie jr sagt / denn keine vnter euch ist die ich haben möcht/Damit stund er auff vnd gieng hinweg / vnd waren sie vil geschmechter deñ er.

Darumb soll man sich nit vnterstehen rede oder zanck mit denselben Leuten anzufahen/ die eins sollichen wesens seind/ denn sie vermeinen viel zuwissen/ wiewol sie auch offt betrogen werden / wie ich euch auff diese Materi ein andere gleichnuß sagen wil.

Wie drey Frawen einen Ritter beschlossen in ein Kammer.

AVff ein zeit waren drey Frawen die hatten einen Ritter/ welcher beschuldiget war/ daß er ein Frawen betrieger wer/ in einer finstern Kam̃ern on ein liecht beschlossen/ vnd wolten jn tödten/ daß er kein Frawen mehr betriegen solt/ waren auch so hefftig vber jn erzürnet/ daß jr jegliche ein messer trug in jren Henden jhn zu tödten/ doch ward nichts auß jrẽ tröwen. Deñ er sprach zu jnen: Meine liebe Frauwen/ dieweil es je ewer meynung ist/ daß ich sterben muß/ vnd kein

kein gnad bey euch mag erlangen/ bitte ich euch alle drey/ mich einer Gaben vñ Gebett zugeweren/ Das vergonten sie jm/ Auff das sprach er/ dieweil jhr mir sollichs vergunt habt/ so werde ich von euch nicht getödt/ es sey denn daß mir die gröste Hur vnter euch den ersten streich gebe. Darab erschracken sie/ begundten einander anzusehen/ vnd jegliche in jhr selbst gedencken: Thue ich den ersten streich/ so werd ich dardurch geschmehet vñ entehret/ damit schlossen sie die Kammer auff/ vnd liessen den Ritter ledig/ der also sein leben behielt/ vñ bliben die drey Frawen in gespött/ Darumb ein kleiner Fund etwan vielen zu grossem Statten dienen mag.

Weiber sollen eins züchtigen wandels seyn auff Hochzeiten vnd Zechen.

Ich wil euch sagen ein Exempel von einer Frawen/ die ein grossen vnglimpff bekam auff einer Hochzeit/ Dieselb Fraw war

sung/vnd sehr weißlich mit singen vnd dan-
tzen / also / daß sie die Herren / Ritter vnnd
Knecht fast lieb hatten/ aber jhr Haußwirt
hatt daran kein gefallen/daß sie solcher ding
so willig war / aber sie wolt jhe haben daß
man sie brauchte / das dorfft jhr der Mann
nit abschlahen / denn er besorget daß jhm
die Herren dardurch vngünstig würden/
vnd jhm schuld geben möchten/daß er so eyf-
ferig were/ deßhalb er sie gehen ließ/vnnd sie
hatt grossen fleiß / wie sie sich jnen zu ehren
reichlich zieren vnnd kleyden möchte / auß
dem er wol gedacht / daß es nicht allein jhm
zu gefallen wer geschehen. Als es nu Som-
mers zeit war / daß man von Abendt biß
morgen dantzte / begab sich vnter anderem/
daß sie aber auff einer Hochzeit war bey
der nacht/daß man die Liechter erlöschet/ein
groß geschrey vñ handel ward/ bracht doch
in demselben die Liechter wider/ Also sahe
jres Manns bruder daß sie ein Ritter vmb-
fienge / Vnnd wiewol ich glaub daß sie
nichts vbels gethan/ so machet doch jhres
Mañs bruder/ daß jr Mañ des innen ward/
vnd

vnd biß an sein end drumb leydig vnd trawrig war / vnd sie nicht mehr als lieb hatt als vor / dardurch sie beide zu thörlichem wesen kamen / jhr Hauß vnd Ehre verloren.

Wie sich ein Fraw in jhrem Todtbeth der bulschafft entschuldigt.

SO weiß ich auch ein andere Fraw / die sich auch gern auff Hochzeiten führē ließ / die auch von eim grossen Herren inn ein geschrey bracht ward vnd verleumbdet / Als sie nuh mit schwehrer vnnd tödtlicher Kranckheit ward beladen / vnnd sich nicht anders versahe / denn sterbens / sprach sie vor allen Leuten: Liebe freund / jr sehet in welcher gestalt ich bin / weder mechtig meines Leibes noch Glieder / auch gantz meiner schönheit beraubt / vnnd alles deß / daran die Welt bißher ahn mir ein gefallen gehabt / auch nit mehr dergleichen auff freude vnnd Hochzeiten kommen mag / sonder es ist jetzt alles hin / vnd muß wider gehn zu der Erden / von der ich bin außgangen / Nuh hat

man

man mich bißher mit meinem Herren von Craon meiner ehr beschuldiget / so sage ich bey Gott den ich vor meinem abscheid wil empfahen / vnnd bey verdammung meiner Seelen / daß er nie kein vnehr an mich hat gesucht / so wenig als mein eygner Vatter / daruon viel Leuth erschracken / die vor gedacht hetten daß es anders wer gewesen / darumb es einer frommen Frauwen sörglich ist / sich zuuiel Weltlich zuhalten / oder zuviel geneiget seyn auff solche Hochzeiten zukom̃en / die man mit ehren mag abschlahen / denn es ist ein sach / daruon manche fromme Fraw mag empfahen / on schuld vnd vrsach / doch sage ich nit daß man etwan zu zeiten Herrn vnd Freunden nit kurtzweil machen / sonder dasselb füglich vnd nicht zu vnzeiten thun soll / aber wenn es nacht ist / solt jr allwegen jemands von ewern freunden bey euch haben / nicht allein arges zuuermeiden / sonder für falsche augen vnd zungen / die alle ding verspehen / vnd viel mehr sagen denn an jhm selbst ist.

Von einer Edlen Frauwen die vor eim Spiegel stund / vnd in dem Spiegel den Teuffel sahe jhr den Hindern zeigen.

EIn ander Exempel wil ich euch sagen / auff die meinung von einer reichen Frauwen / die den verdten theil des Tags haben muß sich zubutzen / Derselben Hauß war etwas weit von der Kirchen / deßhalb jhr der Kirchherr vnnd seine verwandten manchsmal mit der Predigt warten mußten / deß

sie

sie grossen vnwillen vnnd verdrieß hatten/ Also begab es sich einmals an einem Sontag daß sie gar lang außbliebe/vnd viel Leuthe in der Kirchen warteten/ dieselben sprachen: Sie mag sich diesen tag nicht genug strelen noch spieglen. So redten deñ etliche heimlich/vnnd sprachen: Gott plage sie mit jhrem strelen vnnd spieglen/ daß sie vns so manchmal allhie warten machet. In derselben stund da sie sich also spieglet/sahe sie den Teuffel im spiegel/ so gar grausamer gestalt/vnd daß er jhr den hindern zeiget/ darab sie so hart erschracke/daß sie schier von sinnen kommen wer/ vnnd lange zeit mit schwehrer Kranckheit beladen warde/ doch verliehe jhr Gott widerumb gesundheit/ strafft sich selbst darumb/ vnd stellet sollichs wesen mit dem butzen ab/ vnnd sagt mit demütigem hertzen Gott dem Herren vm̃ seine straffe lob vnnd danck/ daß sie dardurch jhr Leben seliglich vollendet/ Darumb lasset euch das ein einbildung seyn/ euch vor solchem vbermessigen spieglen vnnd kleiden zuhüten/ dardurch jhr die heylige Predigt

verseu-

verseumen möcht/andere Leuth warten machet oder verhindert.

Weitter/liebe Töchter/wer das gute sicht/vnnd das böse darfür erwehlet/so demselben grosse rew begegnet/ist nicht ein wunder. Das sag ich euch darumb/daß wir inn dieser zeit so viel gute Exempel sehen/vnnd dennoch so viel Leuth seind/die sich nicht daran keren/ vnnd mehr Wollustes zu dem argen setzen/denn zu dem guten/Dieselben bethören sich selbs/vnnd thun wider die Natur/auch wider die zehen Gebott/vnd wider die heiligen Lehrer/die vns vnser wolfart vnnd alles gut schrifftlich vnnd auß dem Gesetz anzeigen/das wir doch wenig halten/ denn wir sehen daß der meiste theil der Welt sich helt vnd regieret nach dem lust des Fleisches/vnd nach vppigkeyt weltlicher Ehr/ein theil nach Hoffart/Adel vnnd Reichthumb/die andern durch Neidt vnd hassz/die dritten auß Zorn/die jr Hertz auff Rach setzen/die vierdten nach vnkeuschheit/viel mehr denn die Wölff vnd die vnvernünfftige Thier/die fünfften nach vnmessigmessigkeit essens vnnd trinckens / die sechsten nach begierd anderer Leuth guts/stelen/rauben/schweren/verrathen/ wuchern / vnd niemand nichts guts nachzureden/dieselben all seind verfürt vnd betrogen / daß sie solchem bösen willen vnnd anfechtung nicht widerstehen / vnd dieweil sie beharren vnnd darauff bleiben / seind sie auff dem weg der verdamnuß so lang / biß sie des durch ware reuwe vnd bekandtnuß gegen Gott entlediget werden. So seind doch andere die weiß vnd vernünfftig seind / vnd jre hertzen vnnd hoffnung in Gott setzen/vnd auß der liebe so sie zu jhm haben / sich reyn vnd lauter halten / auch teglich wider Anfechtung vnnd Hitz der vnkeuschheit streitten/ sich auch messiglich mit guter vnnd lustiger speise essens vnd trinckens regieren/welchs das fewr der Vnkeuschheit am meisten thut anbrennen. So seind noch andere / die gnad haben dem Geitz widerstandt zuthun/in dem sie benügig seind. Es seind auch etliche barmhertzig eines freien Hertzen/ vnd geben gern vmb Gottes willen/seind getrew vnd gerecht gegen

gen jhrem nechsten/darumb jhnen Gott ein friedsam Leben verleihet/denn welche neidt/hasß vnnd zanck suchen/ seind allezeit beladen mit vnrhůwigem schmertzen/schlahen sich mit jr eigenen Ruthen/vnd machen daß jnen selbs durch jren hasß vnd neidt/jr kummer vnd beschwerd täglichs zunem̃en/vnd wachsen. Darumb Gott der Herr in seinem Euangelio die gůtigen segnet/vnd alle die/die sich jhm zu ehren keusch vnd reyn halten/vnd jhrem Nechsten gutes erzeigen/damit sie denn gleichen jhrem Meister/das ist/Gott dem Vatter/von dem sie seine heilige Gebott haben/die sie mit freyem hertzen halten/auch wol Kinder seind vnsers Herrn/vnd besitzer der ewigen freuden. Darumb liebe Töchter/habt zu Gott gute hoffnung Tag vnd Nacht/vnd habt jn lieb mit forcht/so behůt er euch für allen anfechtungen vnd schaden. Auch wil ich euch fürhalten vnd erkleren die frommen vnd guten Frauwen/die Gott in der Bibel lobt/die durch jre gutthaten vnd heilige Werck seind behalten worden/auff das jhr daruon gute beyspiel nemmet/auch ehrlich vnd reyn lebet/ als sie gethan haben/ Wil ich auch etliche böse Frauwen melden/ die durch jhre boßheit zu bösem ende kommen seind/ von denselben auch warnung zunemmen/ euch vor dem/ darein sie gefallen seind/ wissen zuhüten.

Von Eua/ wie die im Paradeiß in den Apffel bisse/ durch raht der Schlangen.

DAS erste Exempel der Sünden/ dadurch der Todt kommen ist in die Welt/ ist geschehen durch Eua vnsere erste

Mutter/

Mutter/die das Geboit vnsers Herrn/ vnd die liebe/ darein er sie gesetzt hat/ so kleine zeit verwart vnd hielte/ denn er sie ein Fraw vnnd Regiererin hat gemacht vber alle leb-liche ding/so vnter dem Himmel seind/also daß sie jhr gehorsam waren/ vnd jhren willen thaten. Vnd wo sie nicht in die Sünde der vngehorsamkeit gefallen/ were kein fisch in dem Meer/ kein Thier auff Erden/ noch kein Vogel in den Lüfften/es wer jr alles gehorsam vnd vnterthenig gewesen/ hett auch ohn weh vnd ohn schmertzen Kinder gezeuget/ sie hett auch nimmermehr weder hunger noch durst/kelte noch hitz/ weder betrübnuß/ kranckheit/ anfechtung/ noch den zeitlichen Todt gelitten/ kein Wasser hette sie auch nicht mögen ertrencken/ kein Feuwer nicht brennen/ keine Waffen/ noch ander ding verwunden/noch sonst nichts jhr schaden mögen. Darbey/liebe Töchter/mögt jhr abnemen/wie sie ein einige Sünde von sollichen hohen grossen ehren/ so gar nider vnd in dienstbarkeit gewisen vnd bracht hat/ denn sie dardurch Ehre/reichthum/gut vnd gehorsam aller Creaturen ward beraubt/ vnd alles deß das jhr Gott hat beschert/ vnd möget euch daruor hüten. Nuh sag ich euch / solcher fall vnserer ersten Mutter erhube sich auß kleiner kundtschafft / daß sie mit der Schlangen pflag zureden / die war gescheider denn kein Gethier / schön/demütig / vnd gar wol beredt / kondt sich auch gegen jhr gar willig erzeigen/ Darumb sie sie gern hört/vnd mit jhr inn kundtschafft kam/ daß sie solche thorheit begieng / Denn hette sie jhr nicht zugehört/vnnd were zu jhrem Mann gangen/ hette sie die Schlange nicht mögen vberwinden / vnd mit ehren den sieg gewunnen/aber das thörlich zuhören bracht jr den schaden. Darumb lieben Töchter / ist es nicht gut / sonder ein sörglich ding / denen allzeit zuhören/die wol reden/vnd süsse wort geben könnẽ / Denn fürwar sie seind betrüglich vnnd gifftig / vnnd man mag darduch wol bösen Namen bekommen / Auch fand die Schlang Euam allein/ vñ fert von jrem Gemahel/deßhalben sie dester baß vnd rhüwiglicher jr jre thörliche reden fürlegen vñ

eröff-

eröffnen mocht. Darumb ists nit gut/daß ein Frauw oder Jungfraw bey jemand allein bleibe/es sey denn bey jhren nechsten gesipten Freunden/Doch sag ich nit daß man vnterwegen sol lassen den Leuten zucht vnd ehr zuentbieten / ja man sol es thun jederman nach seinem werth / Aber man setzt allwegen mehr die ehr auff die wag/mit zuuiel vnd schneller antwort geben/denn mit weniger vnd langsamer/denn je ein wort das ander bringet/dafür das beyspiel wol zubedencken ist.

Die Weiber sollen nicht schnell vnnd vnbedacht antworten.

DJe ander thorheit die Eua begieng / war / daß sie so schnell vnd vnbedacht der Schlangen Antwort gab/da sie fragt / warumb jr Mann vnd sie der Frucht von dem Baum nit essen/ als von andern? Gab sie jr antwort/sie were jnen von Gott verbotten/ vnd gab solche antwort on geheiß vnd rath jres Manns/ daß es ein grosse vnweißheit von jhr war / denn solliche antwort dem Mann gebürt zugeben/ vnd nicht jr/ angesehen daß jhm Gott Sie vnd den Baum in sein hut geben hatt/ vnd jn bescheiden/ welche Frucht sie essen solten oder nicht/ Darumb sie wol hett mögen die antwort jrem Mann zusetzen/ so were sie der ding entladen gewesen. Daruon/ liebe Töchter/ seid eingedenck/ ob euch jemandt zusprechen oder ansuchen würde/ daß ewer Ehr berüren möcht/ mögt jhr euch wol entschuldigen/ vnd sagen/ daß man mit eweren Mannen daruon rede/ so werden sie vberwunden vnd gestillet. Vnd thut nicht als Eua in dieser jhrer anderen Thorheit gethan hat/ die jhr antwort der schlangen vnbedacht gabe/ vnd on rath jres Manns. Darumb/ liebe Töchter/ wolt ich gern daß jr daß beyspiel von einer frommen Frawen wüsten/ die der von Aquille vmb vnordenliche liebe bate/ als er sie lange zeit versuchte/ gabe sie jhm zu antwort: sie wolt jhres Manns rath darinn haben / darumb verließ er sie / vnd gedacht jhr des nimmermehr / vnd sagt viel Leuthen daß es der gerechtesten Frawen eine wer / in seinem Lande / dardurch die Frauw Preiß vnd Ehr erlangt. Dergleichen auch alle fromme Frawen thun / vnd ohn jhres Manns wissen vnd willen nicht antwort geben sollen.

Die dritt Thorheit die Eua thet / war daß sie das Gebott vnsers Herren nicht bedacht / da er jhnen hatt gesagt: Esset jhr der Frucht / so werdet jhr sterben / Deßhalben sie in jhrer antwort der Schlangen nicht die vollkommene warheit zuerkennen gab / denn sie sagt: ob wir diser Frucht essen / möchten wir vielleicht darumb sterben / vnd satzt also jhr antwort auff zweiffel / wie denn noch viel Frauwen thun / wenn man törechte vnzimliche sachen mit jnē redet / Aber Gott der Herr hat die ding nicht geredt auff zweiffel / darum̄ der einfeltigen vnd zweifelhafftigen antwort halben / so dem Feind von jr begegnet / ward jm ein hertz geben / mit jr weiter zureden / vnd ferrer zuuersuchen / als den̄ auch etliche thun/wenn man sie vmb Bulschafft vnd vmb vnordenliche Lieb bittet/ hören sie es gern/ vnnd geben schnelle einfeltige Antwort/ damit sie weg vnd vrsach schaffen jhe weiter vnnd mehr daruon zureden/ als Eua gegen dem Teuffel braucht/ dardurch sie von jhm betrogen warde/ Denn er sagt jr: jr mögt die verbotten Frucht wol essen/ vnd jhr werdend dardurch klar/ lauter/ mechtig als euwer Schöpffer/ es ist euch vmb kein ander vrsach verbotten/ denn daß jhr jhm gleich würdet. Also meinte sie er sagte die warheit/ward in Hoffart vnd Geitz bewegt jm zuglauben/ wie auch all thörechte Frauwen thun/ die denen/ so da wol vnnd hübsch können reden/ vnd eins vnwarhafftigen wesens seind/ jrem verheissen vñ zusagen glauben/ die sie doch wenig halten/ vnd etwann dardurch denselben jhren thörechten gesuch verwilligen/ vnd dadurch zu spott vñ schanden kom̃en/ denn wenn sie jren falschen lust vollbringen/verlassen sie sie geschmehet vnd geschendet/ darumb so wisset euch daruor zuhüten.

Die vierdt thorheit war / jr vppich Gesicht auff die frůchte der wissenheit/die jnen Gott hatt verbotten / Denn sie dauchten sie gar hůbsch vnnd lůstig seyn/dardurch sie jhr begert zuessen / wie man denn durch vppige Gesicht / in vnzimliche begierd pflege zufallen / Darumb ist gar schedlich sich falscher Gesichte gebrauchen / dardurch viel menschen betrogen werden/denn man findet viel Leuth die sich selb fleissen lieblicher / freundlicher / barmhertziger gesichte / damit sie die Menschen dest ehe zu thörechter liebe mögen bewegen/ vnd etliche zuglauben verursachen/es sey gleich auß liebe/so ist es doch nichts anders denn ein betriegnuß / jr handel vnnd wesen ein verfůhrung/ gleißnerey vnnd falschheit / Darumb diß ein gute vnterrichtung ist / sich vor solchen betrůglichen falschen gesichten zuuerwaren / deñ als bald der Teuffel solche böse gesichte vermercket/ schöpffet vnd entzůndet er den flammen der vnlauterkeit in seinem gemůt / daß er jhn zu vnzimlichen begierden / vnnd am letsten zu Fall weiset / vñ verlierung Leibs vnd der

Seelen. Deßhalb wolt ich gern daß jhr des Exempels von Dauid dem König bericht weren / der auch durch sein thörricht Gesicht an der Frauwen Vriels / inn den Ehebruch vnnd Todtschlag kam / also daß er denselben Mann seinen eygnen Ritter / on schuld zum Todt verschusse / deß auch Gott vber jhn ein schwere Rach vnd Straff gehen ließ / welches alles kam von thörechtem Gesichte / Also geschach auch Eue durch jhren vppigen Lust vnnd leichtfertig Gesicht / daß sie mit den Wercken sündiget / Deßhalb alles Menschliche geschlecht gar thewer vnnd hoch wider erkaufft / vnnd gelößt werden mußt / deñ dardurch ist der todt in die Welt kommen.

Die fünffte Thorheit / daß sie die Frucht angriff vnd berürte / denn anrürung vnd begreiffung nach dem gesicht ist sörglich / denn sich die zwey laster gern mit dem bösen willen vereinigen / Darumb der weiß Meister spricht / daß man sich soll hüten vor greiffen / das da vrsach gibt zu bösen lüsten / die das Hertz vnd die Seel verschren / denn auß vppiger

piger berürung wirdt bewegt das Hertz/ vnnd der Leib entzündet/ vnd auch die Vernunfft geblendet/ wenn denn die Vernunfft/ die den Leib soll regieren / verblendet ist/ so falle der Leib inn Sünde. Auch sagt der weiß Mann / wer sich gewißlich reyn wil halten / der soll zwey oder dreymal seine Hend besichtigen / daß er nichts vnzimlichs berüre / das ist/ man soll sich vor vnnd ehe man ein sach vollbringt / zwey oder drey mal bedencken/ was sie guts oder args auff jhr tragen mag / Das greiffen vnnd küssen bewegt das Fleisch dermassen / daß dadurch die forcht Gottes/ vnd die Ehr gegen der Welt betrübt/ vnd abgestellet wirdt/ vnnd sunst viel vbels darauß erwachset / als auch Eue / mit berürung der Frucht ist geschehen.

Die sechste Thorheit war/ daß sie aß vor der verbottnen Frucht / vñ ist das allergröst vnnd schwerest vbel / denn durch dasselb wir vnd die gantze Welt dem ewigen todt vbergebē wurden/ vñ ist ein gut beyspiel / darauß zumercken/ wie auß eim kleinē Apffel biß solcher schmertz vnd vbel komen ist. Ach Gott wie bedencken wir so gar nicht die straff/ so Gott der Herr thun wirdt denen / so mit guter speiß vnordenlich leben / vnnd jhren Bauch vnd Fleisch in solchen lüsten vñ füllereien halten vnd vben/ dadurch sich selb zu Vnlauterkeit vnd andern sünden bewegen/ vnnd nicht ansehen oder gedencken der Armen / die hungers/ dursts vnd frosts halben sterben/ da sie an dem Jüngsten gericht antwort darum̃ geben müssen/ Sie wissen auch/ daß die Sünd nicht allein ligt an vberessen/ sonder auch an dem wollust vnd geschmack der speise / Daruon sagt der Weiß/ daß die sünd vnter vnnd in dem wollust lige / gleich als der Fisch der dē angel nim̃t/ vñ doch sein todt ist/ Vnd wie das Gifft in gute speiß gelegt/ also wird auch die Seel getödtet vñ verdampt durch die wollust der speise des leibs/ als deñ auch Eue durch den lust des Apffels ist geschehen/ dadurch sie ist zu sündē komen.

Die sibende thorheit/ daß sie nicht glaubt dem wort Gottes / da er sagt: jhr werdet sterben / esset jhr der Frucht/ Also war das

der

der erst vngehorsam/daß sie in den zorn vnd in die vngnad Gottes fiel/ Darnach vber lange zeit da sie kummer/arbeyt/angst vnnd noth erlitten hatt/ starb sie des leiblichen Todts nach der verheissung Gottes. Diesen fall hat hernach vber fünff tausent Jar Christus mit seinem Rosenfarben blut wider müssen erstatten/ O da gedencken wir/ die da in Sünden erzogen vnnd entschlaffen seind/ biß auff den heutigen Tage/gar wenig an/ vns zubekeren vnd zu bessern/ damit wir nicht also in thörechter hoffnung lebten/vnnd vns gedechten heut/morgen/vnnd aber morgen/ zubessern/ vnnd solches doch nicht thun/ denn alle die so dasselb vben/ bekennen noch sehen nicht daß jnen der Todt von tag zu tag neher/vnd wie ein Dieb nach schleichet/ biß er sie in jren sünden hinzucket/ Gleich als der Dieb stelens so gar in gewonheit kommen ist/ daß er den nicht vermeiden mag/ vnd zuletzt an der that ergriffen vnnd erhenckt wirdt/also ists auch vmb den Sünder/ der so lang in seinen Sünden beharret/ biß er zu schanden vnnd vnehren

kompt

kompt der Welt/in hasßz gegen Gott dem Herren/ allen seinen Heiligen vnd Engeln.

Die achte Thorheit war/ daß sie gesellschafft sucht/ Sünd zuthun/ das war/ daß sie den Apffel jhrem Mann auch gab zuessen/ vnnd jhn bate daß er jhr gehorsamte / darum̃ sie beide mit der Sünd gefangen wurden/ vns zu grossem vbel/ daruon ist gut beyspiel zunemmen/ wenn ein Fraw jrem Mañ etwas rathet/ zubedencken / ob der Rath böß oder gut sey/ vnnd zu was ende die sach kommen mög / deñ man sol nicht so gar Frawen geneigt seyn / daß man jhrs sagens nicht achte/ obs gut oder böß sey/ deñ es seind viel Frauwen / die wenig achten wie es gehe / nur daß jhr will vollbracht werde / Deß ich einen Herren kenne/ der sein Frauw so hart geförcht / daß er dadurch den Todt nam / das doch grosser schade / denn er ein Mann von ehren war / vnnd besser gewesen were/ daß er jr so viel nicht gefolgt hette / Also folgt auch Adam der thorheit seiner Frawen / daß vns vnnd jm zu grossem schmertzen kom̃en ist. Darumb ein jede Frauw wol

beden-

bedencken soll/ was raths sie jrem Mann geben wil/ denn so sie weiß ist / mag sie wol ermessen zu welchem ende/ gutem oder bösem/ die ding kommen mögen / vnd wil sie nichts guts thun / sol sie doch jhrem Mann nichts args rathen/ denn es mit jhrer boßheit gnug vnnd zuuiel ist/ Deßhalb diß wol ein bericht ist/ daß man niemand zu argem rathen soll/ der selbst nichts guts thun wil/ oder an gutem verhindern / denn als der weiß Mann sagt/ wirt man auch theilhafftig derselbigen Sünde.

Die neund vnd letst Thorheit ist gewesen Hoffart / die sie brauchte/ denn als sie Gott fragte / warumb sie sein Gebot vbersehen/ vnd jren Mann auch zu sünden bewegt hette? entschüldiget sie sich/ vnnd sprach: die Schlang hette es geursacht/ dadurch sie meint/ wenn sie eim andern die Sünd aufflüde/ würde sie dardurch geleichteret / Aber es ist wol zugedencken / daß Gott erst darab noch viel schwerer erzürnt ward / denn er sprach zu jr: daß fürthin der streit zwischen jhr vnnd der Schlangen seyn solt/ darumb daß sie wider jn geglaubt hette/ vnd jm wöllen gleich seyn/ auch sein gebot vbergangen/ dem feind mehr denn jm selbs geglaubt/ vnd darzu jhren Mann mit jhrem falschen rath betrogen/ vnnd sich noch jhres vbelthuns vnterstund zuentschuldigen/ das doch höchlich wider das gefallen Gottes war. Also bleibt die Sünd auff einem jeglichen Menschen stehn/ der sie gethan hat/ vnd hilfft kein entschüldigung gegen Gott. Darumb liebe Töchter/ so ein Sünd begangen worden/ muß man sie von hertzen gegen Gott beklagen/ vnd gnad mit dem Dauid begeren: Erbarme dich mein O Herr vnd Gott/ rc. Damit laß ich die sach vnserer Mutter Eue fallen/ vñ wil fürbaß sagen von den bösen Frawen/ nach inhalt der Bibel/ was vbels sie vmb jhr boßheit empfangen haben/ zum Exempel/ euch daruor zuhüten/ vnnd darnach von guten Frawen/ die durch die H. Schrifft gelobt vnd erhaben werden.

Von vngehorsam Loths Haußfrawen.

EIn Exempel wil ich euch sagen von der Haußfrauwen Loths/ die Gott der Herr außfürt/ als Sodoma vnnd Gomorra vntergiengen/ deren hat er in demselben außgang mit jrem Mann vnd zwo jren Töchtern verbotten/ daß sie nit hindersich sehen solten/ also glaubte sie jhm nicht/ darumb ward sie in jhrem vmbsehen zu einer Saltzseulen verwandlet.

Wie die fünff Stedt Sodoma vnd Gomorra vom fewer des Himmels verbrandten vnd vntergiengen.

DErselb vntergang der gemeldten fünff Stedt kame auch auß hoffart vñ vnkeuschheit/ Denn dieselbe Sünde der Vnkeuschheit war so vbel stinckend / daß der gestanck auff ghen Him̃el gieng / auch alle ordnung der Natur betrübet / derhalben mit Feuwer vnd Schwebel von Himmel vertilget / vnd ein bodenloser See vñ Wasser ward / Darumb ist es gut sich des messigen / vnnd den

Ehelichen stath nicht zu vbersehen / Denn mit demselben / daß Loths Frauw also hinder sich sahe / vñ die peinigung der Sünder vermeinet zu sehen / thet sie wider das Gebott des Herren / vnnd ist ein anzeigung / daß / die Gott von sorgen vnd Sünden entlediget hat durch Christum / nicht mehr wider hinder sich sollē sehen / wo sie aber das nie

halten /

halten / vnnd wider sich zu Sünden keren/ daß sie zu Steinen vnd mehr denn zu nicht werden/wie Loths Frauwen geschach.

Wie ein Fraw jr Ehe brach mit eim Mönch/vnd sie alle beid ertrenckt wurden.

Ihr solt auch wissen ein ander Exempel einer Frawen/die jren Mann verließ/ vnd mit einem Mönch hinweg lieff / Dieselbe ward von jhren Brüdern so lang gesucht/ biß sie in einer nacht bey demselben Mönch ligende funden warde/ Also hiewen sie dem Mönch seinen männlichen Zeug ab/ vnnd wurffen den jhrer Schwester in jr Angesicht/darnach stiessen sie die beide inn einen Sack / wol beladen mit Steinen/ ertrenckten sie in einem tieffen Wasser / vnd verluren beide also jhr leben. Darumb zumercken ist/daß einem bösen leben gemeinlich ein böß ende folgt/denn vnkeuschheit ein sünde ist/die je eröffnet / vnnd es sey kurtz oder lang/ gestrafft werden muß.

Von den zweien Töchtern Loths.

VUrbaß wil ich euch sagen von den zweien Töchtern Loths/ wie die mit vnzimlichen vnnd schnöden lüsten von dem Teuffel gegen jhrem Vatter angefochten wurden/ Deñ als Sodoma vnd Gomorra verbrañt/ vnd bey jrem Vatter in einer Hülen waren/ sprach die ältist zu der jüngsten: Vnser Vatter ist alt/ vnd ist kein Mann mehr auff Erden/ der vns beschlaffen mög/ nach aller Welt weiß/ so komme vnd laß vns vnserem Vatter Wein zutrincken geben/ vnd mit jm truncken werden/ daß wir samen von vnserm Vatter erhalten. Also gaben sie jrem Vatter Wein zutrincken in derselben nacht/ Vnd die erste gieng hinein/ leget sich zu jhrem Vatter/ vnd er warde es nicht gewar da sie sich leget/ noch da sie auffstund. Des morgens sprach die ältiste zu der jüngsten: Sihe/ ich hab gestern bey meinem Vatter

ter gelegen/lasse vns jhm auch diese nacht wein zutrincken geben/daß du hinein gehest/ vnd legest dich zu im/ daß wir Samen von vnserem Vatter erhalten/ Dem geschahe also/ vnd sie legte sich zu jhm/vnd stunde wider auff von jm / daß er es nicht gewar warde. Da wurden beide Töchter schwanger von jhrem Vatter Loth / vnnd die ältist gebar einen Son/den hieß sie Moab / von dem kommen die Moabiter biß auff den heutigen tag / vnnd die jüngste gebar auch einen Sohn / den hieß sie das kindt Ammi / von dem kommen die kinder Ammon biß auff diesen heutigen tag. Also verführten die Töchter den Vatter mit dem wein/darauß auch viel vbels kam/Denn füllerey ein sörgliche Sünde ist. Darumb spricht man/welche Fraw sich also inn Hoffart vnnd Füllerey übe/werde von dem Teuffel desto leichtlicher in der Sünde angefochten / deñ eines das ander bringt. Derhalben solt jhr wissen/wie es eins mals einer thörichten Jungfrauwen in einer Zech ergieng / Deren gab ein Ritter ein Hauben / vnd redt so viel mit jhr / daß sie so viel zuwegen bracht / als jhr Fraw wol getruncken hett / daß er sein willen gegen jhrer Frauwen in vnordenlicher lieb erlangte / das jhm zu schanden vnnd bösem außgang reichte. Denn der Frawen Mann hatte einen knecht erzogen / der vernam das / vnd öffnets seinem Herren / der legt darauff solliche achtung / daß er sie bey einander ergriff / denn Ritter zutodt schluge / vnnd die Frauw in einen ewigen Kercker legt / darinn sie eines elenden Tods sterbē mußt. Da die Fraw also in der gefencknuß lag / fügt es sich daß der Ritter vor derselben Gefencknuß auff ein zeit hin gieng / vñ hört wie die fraw / die / so jhr zu sollicher sach gerathen hett / schwerlich verfluchte / Da wolt der Ritter jhe wissen / wer dasselbig were / Sagt jhm die Frauw daß es die Jungfraw gethan hett / Also berüfft er sie / vnd gebot jhr / daß sie jm sagen solte / was für ein gestalt vnnd meynung das hette / Da sagt sie jhm von der Hauben / vnd wie es ergangen were / Dieselb Haub hieß jm der Ritter bringen / vñ als er sie sahe / sprach er: O Jungfrauw / der bösen sach/ ich merck jetz daß jr seid ein vrsach meiner betrübnuß/ Darumb so gib ich jetzt mein Vrtheil/ vnnd sprich zu Recht/ daß ewer Haubt vnd Hauben samptlich abgehawen werden/ das also geschach. Darbey auch zusehen/ wie viel besser es ist/ mit Dienern vnd Frauwen/ die eins frommen wesens/ weder mit denen/ so eines vnerbaren gemüts seind/ heimlichheit vnnd gemeinschafft zuhaben/ Deñ auß bösem rath in einer vollen Küchen böse Werck entstehen.

Wie Dina geschwecht warde von Sichem Hemors Sohn/ Genes. 34.

Als Jacob zu Sichem im Land Canaan seine Hütten auffrichtet/ vñ ein Altar dē Herren/ sihe da gieng Dina/ Lea Tochter herauß/ die Töchter des Lands zusehen/ Da sie sahe Sichem Hemors son des Heviters/ der des lands Herr war/ nam er sie/ beschlieff vñ schwechet sie/ vñ sein hertz hieng an jr/ vñ hatt die Dirne lieb / vñ redt freundtlich mit jr / vnnd sprach zu seinem Vatter Hemor: Nimb mir das Mägdlein zum Weib.

Vnnd Jacob erfuhr daß seine Tochter Dina geschendet war / vnd seine Söne waren mit dem Vich auff dem felde / vñ Jacob schweig biß sie kamen. Da gieng Hemor Sichems Vatter herauß zu Jacob mit jm zureden. Jn des kamen die Söhne Jacob vom felde / vnd da sie es höreten / verdroß die Männer / vnnd wurden sehr zornig / daß er ein narrheit in Jsrael begangen / vnnd Jacobs Tochter beschlaffen hett / deñ so pflegt man nit zuthun.

Da redt Hemor mit jhn / vnd sprach: Meines Sohns Sichems hertz sehnet sich nach ewer Tochter / lieber gebet sie jm zum Weib / befreundet euch mit vns / gebet vns ewer Tochter / vnd neñet jhr vnsere Töchter / vnnd wohnend bey vns / das Land soll euch offen seyn / wohnet vnnd werbt vnd arbeit darinnen. Vnd Sichem sprach zu jrem Vatter / vñ Brüdern: Laßt mich gnade bey euch finden / was jr mir sagt / das wil ich geben /

ben/fordert nur getrost võ mir Morgengab vnnd Geschenck / ich wils geben wie jhrs heischet / gebet mir nur die Dirne zum Weib.

Da antworten Jacobs Söhne dem Sichem vnnd seinem Vatter Hemor/vnd redten betrieglich/ darumb daß jhr Schwester Dina geschendet war/vnnd sprachen zu jn: Wir können das nicht thun/daß wir vnser Schwester eim vnbeschnitnen Mañ geben/deñ das were vns ein schand / doch wöllen wir euch zu willen seyn/ so jhr vns gleich werden/ vnd alles was männlich vnter euch ist/beschnitten werde/ denn wöllen wir vnsere Töchter euch geben / vnnd ewer Töchter vns nemmen/ vnnd bey euch wohnen / vnnd ein Volck seyn/Wo jhr aber vns nit gehorchet / euch zubeschneiden / so wöllen wir vnsere Töchter nemmen / vnnd dauon ziehen.

Die red gefiel Hemor vnd seinem Sohn wol / vnnd der Jüngling verzog nicht solches zuthun/ denn er hatte lust zu der Tochter Jacob/vñ er war herrlich gehalten vber allen in seines Vatters Hauß/da kamen sie nuh/Hemor vnd sein Sohn Sichem/ vnter der Stadt Thor/vnd redeten mit den Bürgern der Stadt / vnd sprachen: Diese Leuth seind fridsam bey vns/wöllen im Land wohnen vnnd werben/ so ist nuh das Land weit vmbfangen/wir wöllen vns jhre Töchter nemmen/ vnnd jhnen vnsere Töchter geben / Aber denn wöllen sie vns zuwillen seyn/ daß sie bey vns wohnen vnd ein Volck mit vns werden/ wo wir alles was Männlich vnter vns ist beschneiden / gleich wie sie beschnitten seind/ jr Vich vnd Güter vnd alles was sie haben wirdt vnser seyn/so wir nur jhn zuwillen werden / daß sie bey vns wohnen.

Vnd sie gehorchten dem Hemor vnd Sichem seinem son/alle die zu seiner Statt thor auß vnnd eingiengen/ vnnd beschnitten alles das Männlich war / daß zu seiner Stadt auß vnd eingieng. Vnd am dritten tag/ da sie es schmertzet /namen die zween Söhne Jacob/ Simeon vnd Levi Dina brüder/ ein jeglicher sein schwerdt/vnd giengen

gen in die Stadt dürstiglich / vnd erwürgten alles was Männlich war / vnnd erwürgten auch Hemor vnd seinen Son Sichem mit der scherpff des Schwerdts / vnd namen jre schwester Dina auß dem Hauß / vnnd giengen daruon.

Da kamen die Söhne Jacob vber die erschlagnen / vn̄ plünderten die Stadt / darum̄ daß sie hetten jre Schwester geschendet / vn̄ namen jre Schaaff / Rinder / Esel / vnd was in der Stadt vnd auff dem Felde war / vnnd alle jr Haab / alle Kinder vn̄ Weiber namen sie gefangen / vnnd plünderten alles was in den Heusern war.

Vnd Jacob sprach zu Simeon vnd Leui: Jr habt zugericht daß ich stincke vor den Einwonern diß Lands / den Cananitern vn̄ Pheresitern / vnd ich bin ein geringer hauff / wenn sie sich nuh versamlen vber mich / so werden sie mich schlahen / also werd ich vertilgt sampt meinem Hauß. Sie antworten aber / solten sie denn mit vnserer Schwester als mit einer Huren handlen?

Darumb liebe Töchter / seid nicht zu gar für-

fürwitzig alle ding in der Welt zuschawen/ denn es ist sich halb feil gebotten/ wenn denn einer ein Thorheit widerfehret / so spricht man bald/ sie ist darumb da gangen/ darauß kompt denn grosser mordt vnd vnglück/ wie hie mit der Dina geschahe.

Wie Thamar mit jhrem Schwe- her Juda zwey kinder zeuget/ Peretz vnnd Sarah/ Genes. 38.

VOn seinen Brüdern zog Juda ghen Odollam/ da nam er eins Cananiters (der hieß Sua) Tochter zu einem Weib / die ward schwanger / vñ gebar jm einen Sohn/ den hieß sie Er/ vnnd ward aber schwanger/ vnnd gebar einen Sohn/ den hieß sie Onan/ Sie fuhr fort vnnd gebar einen Sohn / den hieß sie Sela.

Vnd Juda gab seinem ersten Sohn Er ein Weib / die hieß Thamar / aber er

war

war böß für dem Herren / darumb tödtet jn der Herr. Da sprach Juda zu seinem Sohn Onan / lege dich zu deines Bruders Weib / vnd verheure dich mit jhr / daß du deinem Bruder samen erweckest / Aber Onan wißte daß der Samen nicht sein eigen seyn solte / weñ er sich zu seines Bruders Weib legte / ließ ers auff die Erden fallen / vnnd verderbts / auff das er seinem Bruder nicht samen gebe / das gefiel dem Herren vbel / das er thet / vnd tödtet jn auch.

Da sprach Juda zu seiner Schnur Thamar / bleibe ein Witwin deines Vatters Hauß / biß mein Son Sela groß wird / denn er gedacht / vielleicht möchte er auch sterben wie seine Brüder / Also gienge Thamar hin vnd bleib in jres Vatters hauß. Da nu viel tag verlauffen waren / starb des Sua Tochter Juda weib / vnd nach dem Juda außgetrawret hatte / gieng er hinauff seine Schafe zuscheren ghen Timnath mit seinem Hirten Hira von Odollam.

Da ward der Thamar angesagt: Sihe / dein Schweher gehet hinauff gen Timnath

nath seine Schaaff zuscheren/Da legt sie die Wittwenkleider von sich die sie trug/schleiert vnnd verhüllet sich/vnnd setzt sich für die Thür herauß an den Weg gen Timnath/ denn sie sahe/daß Sela war groß worden/ vnd sie war jm nicht zum Weib geben.

Da sie nuh Juda sahe/meinte er/es wer ein Hur/denn sie hatte jr Angesicht verdecket/vnd macht sich zu jhr am Weg/vnnd sprach: Lieber laß mich bey dir ligen/denn er wißte nicht daß sein Schnur war. Sie antwort: Was wilt du geben/daß du bey mir ligest? Er sprach: Ich wil dir ein Zigenbock von der Herde senden. Sie antwort: so gib mir ein Pfandt/biß daß du mirs sendest. Er sprach: was wiltu für ein Pfandt/ daß ich dir gebe? Sie antwort: deinen sigel/ dein fechel vnd dein stab den du in den Henden hast. Da gab ers jr/vnd lag bey Jr/vnd sie ward von jhm schwanger/vnd sie machet sich auff vnd gieng hin/vnd legt den schleyer ab/vnd zoch jhre Wittwenkleider widervmb an.

Juda aber sandte den Zigenbock von

Odolla

Odolla durch seinen Hirten / daß er das Pfandt widerholte von dem Weib / vnnd er fande sie nicht. Da fragte er die Leuth desselbigen orts/vnd sprach: Wo ist die Hur die aussen am Weg saß? Sie antworten: es ist keine Hur da gewesen. Vnnd er kam wider zu Juda / vnnd sprach: Ich hab sie nicht da funden / darzu sagen die Leuthe desselben orts/es sey keine Hur da gewesen. Juda sprach: sie habs jhr / daß wir nicht vielleicht zuschanden werden / denn ich hab den Bock gesandt / so hast du sie nicht funden.

Vber drey Monat ward Juda angesagt / deine Schnur Thamar hat gehuret/ dazu sihe / sie ist von Hurerey schwanger worden. Juda sprach: bringt sie herfür/ daß sie verbrandt werde. Vnd da man sie herfür bracht/schickt sie zu jrem Schweher/ vnd sprach: Von dem Mann bin ich schwanger des diß ist/ vn̄ sprach: kennstu auch/ wes das sigel/vnnd der fechel vnd stab ist? Juda erkannts/ vnd sprach: Sie ist gerechter denn ich/ denn ich hab sie nicht gegeben meinem

Sohn

Sohn Sela / Doch beschlieff er sie nicht mehr.

Vnd da sie geberen solte/wurden Zwilling in jrem Leib erfunden/vnnd als sie jetzt gebar/ gab sich ein Hand herauß/Die nam die Wehemutter vnd band einen roten Faden darumb/ vnnd sprach: der wirdt der erst herauß kom̃en/Da aber der seine Hand wider hinein zoch / kam sein Bruder herauß/ vnd sie sprach: Warumb ist vmb deinet willen ein Fach gerissen ? vnd man hieß in Peretz/ darnach kam sein Bruder herauß / der den roten Faden vmb sein Hand hatte/ vnd man hieß jn Sarah.

Von Joseph vnd Potiphars Weib. Genes. 39.

JOseph ward hinab ghen Egypten gefürt/ vnd Potiphar ein Egyptischer Mann / des Pharao Hofmeister/ kauffte jn von den Jsmaelitern/ die jn hinab brachten/ vnd

der

der Herr war mit Joseph / daß er ein glück-
seliger Mann ward / vnd war in seines Her-
ren des Egypters Hauß / vnd sein Herr sahe
daß der Herr mit jhm war / denn alles was
er thet / daß ließ der Herr glücklich abgehen
durch jn / also daß er gnade fand vor seinem
Herren / vñ sein diener ward / der setzt jn vber
sein Hauß / vnnd alles was er hatte / thet er
vnter seine Hend / vnd von der zeit an / da er
jn vber sein Hauß vnd alle seine güter gesetzt
hatt / segnete der Herr des Egypters Hauß
vmb Josephs willen / vñ war eytel segen des
Herren in allem was er hatte zu Hauß vnd
zu Feld / Drum̃ ließ ers alles vnter Josephs
henden was er hatt / vnd er hatte nichts dar-
uon / denn nur das Brot das er aß / Vnnd
Joseph war schön vnnd hübsch von ange-
sicht.

Vnnd es begabe sich nach diesem ge-
schicht / daß seines Herrn Weib jhr Augen
auff Joseph warff / vnd sprach: Schlaff bey
mir. Er wegert es sich aber / vnnd sprach zu
jr: Sihe / mein Herr weyß nit was im Hauß
ist / vnnd alles was er hat / das hat er vnter

meine Hend gethan/ vnd hat nichts so groß inn dem Hauß/ daß er vor mir verborgen hab/ ohn dich/ denn du bist sein Weib/ wie solt ich denn nuh ein solch groß vbel thun/ vnnd wider GOtt sündigen? Aber sie treib solche wort gegen Joseph täglich/ aber er gehorcht jhr nicht/ daß er neben jhr schlieffe/ noch vmb sie wer.

Es begab sich der Tag einen/ daß Joseph in das Hauß gienge/ sein gescheff zu thun/ vnd war kein Mensch vom gesind des Hauß dabey/ vnd sie erwüscht jn bey seinem kleid/ vnnd sprach: Schlaff bey mir/ Aber er ließ das kleid in jrer Hād/ flohe vñ lieff zum Hauß herauß. Da sie nuh sahe daß er sein kleid in jhrer Hand ließ/ vnd hinauß flohe/ rieff sie dem Gesinde im Hauß/ vnd sprach zu jhnen: Sehet/ er hat vns den Ebreischen Knecht herein bracht/ daß er vns zuschandē mache/ Er kam zu mir herein/ daß er bey mir schlieffe/ ich rieffe aber mit lauter stimme/ vnd da er hort daß ich ein geschrey machte/ vnd rieff/ da ließ er sein Kleid neben mir ligen vnd flohe/ vnd lieff hinweg.

Vnd sie legt sein Kleid neben sich/ biß sein Herr heym kam / vnd sagt zu jhm eben dieselbe wort / vnnd sprach: Der Ebreische Knecht / den du herein bracht hast / kame zu mir herein/ daß er mich zu schandē machet / da ich aber ein geschrey macht vnnd riefff/ da ließ er sein Kleid neben mir / vnnd flohe hinauß / Darůber ward der Herr fast zornig.

Da nam jn sein Herr vnd legt jhn ins gefencknuß da des Königs gefangnen in lagē/ vnd lag allda im gefenckuuß/aber der Herr war mit jhm/ vnd neigt sein huld zu jm / vnd ließ jhn gnade finden vor dem Amptmann vber das gefenckuuß / daß er jhn vnter sein hand befalhe alle gefangnē im gefenckuuß/ auff das alles was da geschahe/ durch jn geschehen muste/denn der Amptmann des gefenckuuß sahe daß der Herr mit jhm war in allem das vnter seinen henden war/vnd daß der Herr glůcklich abgehen ließ was er thet.

Diß böß/ vntrew/ hůrisch Weib/liebe Töchter / hett den fromen Joseph vmb ehr vnd glimpff/ gegen Gott vnd der welt gern bracht/aber es halff nit / sonder Gott erlöße

 jhn

jhn mit der zeit widerumb auß dem gefenck-nuß / vnnd bracht in noch zu grösser ehren beym König Pharao / Genes. 42.

Wie die Kinder Jsrael hureten mit den Moabiter Töchtern / Numer. 24.

JSrael wohnet in Sitim / vnnd das Volck hub an zuhuren mit den Moabiter Töchtern / welche luden das Volck zum opffer jhrer Götter / Vnd das Volck aß / vnnd betet jhre Götter an / vnnd Jsrael vnterwarff sich dem Baal Peor / Da ergrimmet der zorn des Herren vber Jsrael / vnnd sprach zu Mose: Nimb alle öbersten des Volcks / vnnd hencke sie dem Herrn an die Sonne / auff das der grimmige zorn des Herrn von Jsrael gewendet werde. Vnd Mose sprach zu den Richtern Jsrael: Jedermann erwürge seine Hauptleuth / die sich dem Baal Peor vnterworffen haben.

Vnd

Vnd sihe ein Mann auß den Kindern Jsrael gieng hinein/ vnd thet sich wider seine Brüder zu einer Midianitin/ vnnd ließ Mose zusehen vnd die gantz gemein der kinder Jsrael/ die da weinetẽ vor der Thür der Hütten des zeugnuß. Da das sahe Pinehas der Sohn Eleasar des Sohns Aaron des Priesters/ stund er auff auß der gemein/ vnnd nam ein Messer in sein Hand/ vnnd gieng dem Jsraelitischen Mann nach hinein in das Hurhauß/ vnd durchstach sie beide/ den Jsraelitischen Mann vnd das Weib durch jhren Bauch/ Da hört die Plage auff von den Kindern Jsrael/ vnnd es wurden getödt in der Plage vier vnd zwentzig tausent.

Der Jsraelisch Mann aber der erschlagen ward mit der Midianitin/ hieß Simri der Son Salu/ ein Hauptmañ des Hauß/ ein Vatter der Simeoniter. Das Midianitisch Weib das auch erschlagen warde/ hieß Casbi/ ein Tochter Zur/ der ein öberster der Leuth war/ eins geschlechtes vnter den Midianitern. Also hat Gott allwegen die Unkeuschheit hart gestrafft / vnd je grösser die Personen / so viel schwerer die straff / Darumb hütet euch / daß jhr nicht darein fallet.

Wie Amnon sein schwester Thamar schwechet / vnd jn Absalom darumb erschlug.

ABsalom der Sohn Dauids hatt eine schöne Schwester / die hieß Thamar / vnd Amnon der Sohn Dauids gewan sie lieb. Vnd Amnon stellet sich kranck vmb Thamar seiner Schwester willen / denn sie war ein Jungfraw / vñ dauchte Amnon schwer seyn / daß er jhe etwas thun solte. Amnon aber hatte einen Freund der hieß Jonadab / ein Son Simea Dauids Bruder / vñ derselbe Jonadab war ein sehr weiser Mann / der sprach zu jm: Warumb wirst du so mager du Königs Son / von tage zu tag / magst du mir es nicht sagen? Da sprach Amnon zu jm: Ich habe Thamar meines Bruders Absa-

Absaloms Schwester lieb gewunnen. Jonadab sprach zu jm: Lege dich auff dein beth/ vnd mach dich kranck/ wenn deñ dein Vatter kompt dich zubesehen/ so sprich zu jhm: Lieber laß mein Schwester Thamar kommen/ daß sie mich etze/ vnd mache für mir ein essen daß ich zusehe/ vnd von jrer Hand esse.

Also legt sich Amnon vnnd machet sich kranck/ da nuh der König kam jn zubesehen/ sprach Amnon zum König: Lieber laß mein Schwester Thamar kommen daß sie für mir ein gemüß oder zwey mache/ vñ ich von jrer Hand esse. Da sandt Dauid nach Thamar ins Hauß/ vnd ließ jr sagen: Gehe hin ins Hauß deines Bruders Amnon/ vñ mache jhm ein speiß. Thamar gieng ins Hauß jhres Bruders Amnon / Er aber lag zu Beth/ vnd sie name ein teig/ knettet vnd sods für seinen Augen/ vnd kochte jm ein gemüß. Vnd sie nam das gericht vnd schüttets für jm auß/ Aber er wegert sich zu essen.

Vñ Amnon sprach: Laßt jederman võ mir hinauß gehen. Vnd es gieng jedermañ von jm hinauß. Da sprach Amnon zu Thamar/

Bringe das essen in die Kam̃er/ daß ich von deiner Handt esse. Da nam Thamar das Gemůß das sie gemacht hatte/ vnd brachts zu Amnon jhrem Bruder in die Kammer/ Vnd da sie es zu jhm bracht/ daß er esse/ ergriff er sie/vnnd sprach zu jhr: Hieher mein Schwester/schlaffe bey mir. Sie aber sprach zu jhm: Nicht mein Bruder/ schweche mich nicht/ denn so thut man nicht in Jsrael/thue nicht ein solche Thorheit/ Wo wil ich mit meiner schand hin? Vnnd du wirst seyn wie die Thoren in Jsrael/ Rede aber mit dem Könige/ der wirdt mich dir nicht versagen.

Aber er wolt jhr nicht gehorchen/ vberweltigt sie/ schwechet sie/ vnnd schlieff bey jhr/ Vnd Amnon warde jr vberauß gram/ daß der hassz grösser ward denn vorhin die liebe war/ Vnd Amnon sprach zu jhr: Mache dich auff/ vnd hebe dich. Sie aber sprach zu jhm: Das vbel ist grösser denn das ander/ das du an mir gethan hast/ daß du mich auß stössest. Aber er gehorcht jhrer stim̃e nicht/ sonder rieff seinem Knaben der sein Diener

war/

war/ vnnd sprach: Treib diese von mir hin=auß/ vnnd schleuß die Thür hinder jhr zu/ Vnnd sie hatte einen getheilten Rock an/ denn solche Röck trugen des Königs Töch=ter weil sie Jungfrawen waren.

Vnnd da sie sein Diener hinauß getrie=ben/ vnd die Thür hinder jhr zugeschlossen hatt/ warff Thamar äschen auff jhr Haupt vnd zerriß den bundten Rock den sie an hatt/ vnd legt jhre Hand auff das Haupt/ vnnd gieng daher vnnd schrey/ Vnnd jhr bruder Absalom sprach zu jhr: Jst dein bruder Am=non bey dir gewesen? Nuh mein Schwester/ schweig still/ es ist dein Bruder/ vnnd nimb die sach nicht so zuhertzen/ Also blieb Tha=mar einsam in Absalom jhres Bruders Hauß. Vnd da der König Dauid solches alles hörte/ ward er sehr vnmüthig. Aber Absalom redt nicht mit Amnon weder guts noch böß/ Aber Absalom war Amnon gram daß er sein Schwester Thamar geschwecht hatte.

Vber zwey Jar aber hatte Absalom Schaaffscherer zu Baal Hazar/ die vnter

Ephraim ligt/ vñ Absalom lude alle kinder des Königs/ vnd kam zum König/ vñ sprach: Sihe/ dein Knecht hat Schaaffscherer/ der König wöll mit seinem Knecht gehen. Der König aber sprach zu Absalom: Nicht mein Sohn/ laß vns nicht alle gehen/ daß wir dich nicht beschweren/ vnd da er jn nötiget/ wolt er doch nicht gehen/ sonder segnet jhn. Absalom sprach: Soll denn nicht mein Bruder Amnon mit vns gehen? Der König sprach zu jhm: Warumb sol er mit dir gehen? Da nötiget jn Absalom/ daß er mit jm ließ Amnon vnd alle Kinder des Königs.

Absalom aber gebot seinen Knaben vnd sprach: Sehet darauff/ wenn Amnon guter ding wird vom wein/ vnd ich zu euch sprich: schlahend Amnon vnnd tödtend jn/ daß jhr euch nicht förchtet/ denn ich habs euch geheissen/ seid getrost vnd frisch dran. Also theten die Knaben Absaloms dem Amnon/ wie jn Absalom gebotten hatte. Da stunden alle Kinder des Königs auff/ vnd ein jeglicher saß auff sein Maul vnnd flohen. Vnd da sie noch auff dem weg warē/ kam das ge-

rücht

rücht für David/daß Absalom hett alle Kinder des Königs erschlagen / daß nicht einer von jhnen vberig wer.

Da stund der König auff vnd zerriß seine kleider/vnd legt sich auff die Erden / vnd alle seine Knecht die vmb jn her stunden/zerrissen die kleider. Da antwort Jonadab der Sohn Simea des Bruders David / vnnd sprach : Mein Herr dencke nicht daß alle Knaben die Kinder des Königs todt seind/ sonder Amnon ist allein todt / Denn Absalom hats bey sich behalten von dem tage an/ da er sein Schwester Thamar schwechte. So neme nuh mein Herr der König solches nicht zu hertzen / daß alle Kinder des Königs todt seien / sonder Amnon ist allein todt.

Hiebey soll ein jede Fraw die sich rein vñ keusch wil halten / lernen/ daß sie bey keinem lebendigen Mann einig wohne / denn allein bey jhrem Vatter / jhrem Mann / oder bey jhrem Sohn / vnd sunst bey keinem andern/deñ gar viel args offt darauß ist kommen/als ich deñ wol sagẽ wolt von mancher

Fraw

Frawen/die bösen namen von jhren nechsten freunden haben empfangen / Also nachhengig ist der Teuffel in diesen sachen.

Wie ein Seyler beim glast des Fewers ein Mönch sahe auß seiner kam̃er gehn von seinem Weib/jr darnach die Bein zerbrechen ließ / vnd zuletst sie vnnd den Mönch erstach.

ES war auff ein zeit gar ein guter frommer Mann/ ein Seyler/der hatte ein Weib von kleinen Witzen/vnd die jhr Trew nicht an jm hielt/sonder ward durch ein falsche Kuplerin mit einer kleinẽ Gab verreitzt gegen einem Mönch / der ein Prior vnd ein reicher vnkeuscher Mañ war/dieselb kleine Gab verursacht sie zu bösen wercken/Darumb der weiß Mann spricht: Welche Fraw nimpt/ die verkaufft. Also fügt sichs eins Nachts/ daß derselb Prior bey jhr gelegen war/

war/vnd als er wider auß dem Hauß gehen wolt/hube das fewr im Hauß an zuleuchtē/ also / daß jn der Seyler sahe hinauß gehen von der kamer. Da sprach er zu seiner Fra=

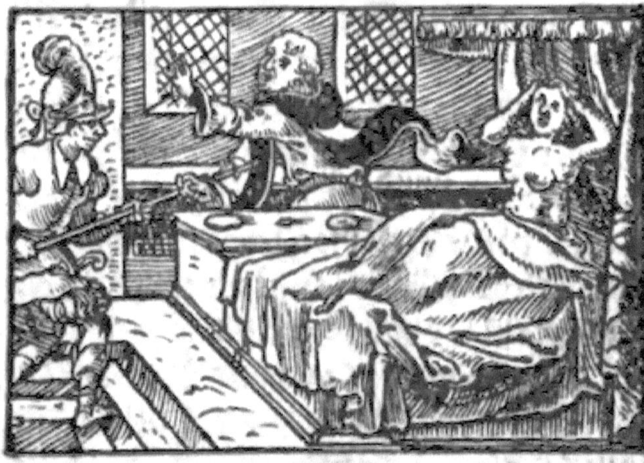

wen: er hette Leuth gesehen. Aber sie ward sehr zürnen/vnd sprach: es were der Teuffel gewesen/daruon der gut Mann begundte trawren vnd leydig zu seyn. Die Frauw/ die aller boßheit voll war / gieng hin zu jhrer Kuplerin / die da sonderlich viel falscheit wuste. Da dieselb sahe daß der Seyler hin= gieng vnd Seyl machen wolt/kam sie zu jm

mit

mit einer Kunckel/anzufahē schwartze Woll zuspinnē/ hatt aber noch ein ander Kunckel/ bey jr mit weisser Wollē. Sprach der Seyler zu jhr: Mein Geuatter/ mich bedünckt/ jhr spinnen schwartze Wollen/ Nein/sprach sie/fürwar ich enthun / Darnach ein weil/ als sie ein wenig von jm gangen war / nam sie die ander Kunckel vñ kame wider / Das sahe der Seyler vnd sprach: Geuatter wie ist dem/ habt jhr jetzt weisse Wollen? Hey sagt sie Geuatter/ wie ist euch denn / es hat nicht solche gestalt / ich glaube jhr seid etwas betaubt / vnnd sey euch das geschehen inn der scheidung Tag vnnd Nachts / da man meinet man sehe das nicht ist/ jhr seid zuuiel verdechtlich / vnnd euch ist etwas angelegen. Der gut Mann glaubt jhren worten/ vnnd meint sie sagt war / vnnd hub an vnnd sprach: Geuatter ich hab hinnacht/als ich glaub/ etwas in vnser kam̃er sehn gehen. O mein lieber geuatter/sprach das alt weib/ in warem glauben es ist anders nichts denn der Tag vnd die Nacht. Also verkerte sie die ding/vnnd stillet den guten Mann mit jrer

fal-

falschelt. Darnach nicht lang begabe sichs/ daß der Seyler auff ein Marckt gehn wolt/ drey meil von dannen/vnd wolte ein Weidsack vnter seinem Beth bey den Füssen nemmē/ergriffe er darfür des Priors niderwadt vnd truge das hin für seinen Sack vnter seinem sattel/ Als er nu auff den Marckt kam/ vnd seinen Sack herfür thun wolt/ ward er des niderwads innen/vnd zu grossem vnlust bewegt. Da nuh der Mönch sein niderwadt nemmen wolt/kundt er anders nichts denn den Weidsack finden / Da verstunde die Frauw wol/daß sie der Mann hinweg hatte/deß sie gar hart erschrack / gieng aber zu jrer Kuplerin/vnd sagt jr die sach/vnd bate sie durch Gottes willen daß sie fleiß ankeren wölte/darmit jhres Manns zorn in den dingen vnargwöhnlich fürkommen würde. Sagt das alt Weib/ nem̄et ein niderwadt/ so wil ich auch eins nemmen / vnd wil ich zu jhm sagen / wie wir niderwadt tragen / also thaten sie. Da nuh der gut Mann zornig vnd leydig wider heim kom̄en war/kam das alte Weib zu jm/vnd fragte jn/was gemäts

er were/ vnd was er thete: Denn mich be-
dünckt sprach sie/ euch sey etwas mißfalls
widerfahren/vnd habt etwas deß ewern ver-
loren. Neyn fürwar sprach der Seyler/ ich
hab andere gedancken/ also sucht sie jhe so
viel/daß er jhr sagen ward/wie er die Nider-
wadt funden hett/ daruon sie innerlich an-
hub zulachen/ vnnd sprach: Hey mein lieber
Geuatter/ ich sihe wol daß jr seid betrogen/
vnnd auff dem weg angefochten worden/
denn in hohem glauben/so ist jetzt in dieser
Stadt kein frömmer Fraw/ vnnd die sich
gegen jhrem Mann reyner halte/ denn die
ewer/ Denn sie/ich vnnd andere fromme
Frauwen in dieser Stadt/ habẽ angehaben
Niderwadt zutragen/ vns vor den Buben
so die Frauwen zucken vnnd entehren/ zube-
hüten/ vnnd daß jr wisset daß es war sey/ so
sehet hie die meine/ damit hub sie jre kleider
auff/ jhm die zeigend. Da er sie sahe/ ward
er jhr glauben/ vnd betrog jhn also zum an-
dern mal/ Aber doch kamen die ding am let-
sten an tag.

Der Seyler begundte den dingen nach-

zuge-

zugedencken/vnnd auff solchs war zunem̃en/ vnd sahe daß sein Weib offt vnd dick in des Priors Hauß gienge/ Also verbot ers jhr/ vnd war sehr zornig/ daß sie nit mehr darein gehen solt/ aber die Fraw thets nit/ denn sie mochte es nit halten/ demnach der Teuffel mit seinen anfechtungen nimmer rüwig ist/ Derhalben der Seyler eins tags dergleichen thet/ als ob er vber Feldt vñ etwan hingehn wolt/ sich an ein heimlich end verbarg/ vonstund an lieff das Weib aber in des Priors Hauß/ der schleich er nach/ vñ sprach zu jr: Du hast mein Gebott gar wenig gehaltẽ/ Also gieng er inn die Stadt/ vnd macht ein geding mit einem Wundartzet/ was er nemmen wolte von zweien schencklen die zerbrochen weren/ wider zuheilen. Da er nuh also mit jhm marckte/ führt er jhn mit jm in sein Hauß/ vnd zerbrach seinem Weib beide schenckel/ vnd sprach zu jr: jetzt wirst du zum wenigsten ein theil meiner Gebott halten/ vnd gehest nicht mehr an die ende da es mir mißfellt/ Als er nu solches vollbracht hatte/ name er sie vnd legt sie an ein Beth/ vnd ließ

sie wider heilen / doch mußt sie ein gute zeit
also ligen. Zuletst betrog sie erst der Teuf-
fel gar/denn er vrsachte so viel thörlicher lü-
ste in jhren alten sünden / daß sie sich der
nicht messigen wolt / denn als sie schier
war genesen / kam der Prior wider zu jhr/
des der gut Seyler sehr erschrack / doch thet
er dergleichen mit russen vnd anderm / als
ob er schlieff/ zuhören vnd eigentlich zuuer-
nemmen/ob sie falsche Werck mit einander
trieben oder nicht.

Als er nuh sahe vnd merckt daß die sach
war ware / ward er so schwerlich erzürnet
daß er sein sinn verlor/vnd heimlich ein lan-
ges schwerdt außzog / mit demselben stroh
in daß Feuwr warff/ daß er gesehen kondte/
vnnd stach das Schwerdt durch sie beyde
hin/vnd tödtet sie in solchen sünden / Dar-
nach berüfft er seine Nachbauwren / vnnd
viel Leuth/jhnen solches zuzeigen / vnd ließ
beruffen ein Gericht sich zuentschüldigen/
darab menniglichē groß wunder nam/daß
die Frauw den Prior lieb gehabt hatte / der
doch

doch ein feister grosser Mann war / vnd jhr Mann der Seyler hübsch / jung vnnd reich. Aber es seind etliche Frauwen die sich vergleichen der Wölfin / dieselb erwehlt allweg den vngestaltesten vnter allen Wölffen / Also thun auch die thörechten Frauwen mit jhren sünden vnd anfechtungen deß Teufsels / Vnnd so viel die sünd schwerer ist / so viel hat der Teuffel mehr gewalts vber sie / deñ ist es ein Eheweib / vnnd er ein Ordensmann / ist die sünd so viel desto grösser / als man denn das durch etliche Schrifften vnd sonst wol sehen mag / wenn ein Frauw mit jrem gesipten Freund oder Geuatter in vnlauterkeit handlet / je neher er jhr denn zugehörig ist / jhe mehr sie angefochten vnd entzündet wird / deßgleichẽ ist es auch schwerer mit Geistlichen denn mit Leyen / oder mit vermäheIten Leuthen höher vnd grösser denn mit ledigen / Darumb jhe schwerer die sünd / jhe mehr die anfechtung vnnd entzündung behender ist / vnnd mehr zu den wercken reitzet / Daher wol gesprochen werden mag: der Krug geht so lang zum Brunnen biß daß er ein mal zerbricht. Die ehgemeldt thörecht Fraw hatt ein Mann/der zehen mal holdseliger vnd hübscher war denn der Prior / vnnd war zwey mal entrunnen/ durch jhr falsche Kuplerin vnd Geuattern/ auch von dem bruch der Beyn wider genesen/ deß sie grossen schmertzen hatt gelitten/ vnnd fiel erst darnach wider in erneweruug der alten Sünde / Jst darbey wol zumercken daß es nichts denn ein verführung des Teuffels ist gewesen/ der also die hertzen der jenen so er also mag verfüren/entzündet/daß sie in seine strick der Sünden fallen. Also liebe Töchter/hab ich euch angezeigt durch viel Exempel auß der Bibel vnnd geschichten der König/vnd andern Geschrifften/wie die Sünd der Vnkeuschheit vor Gott dem Herrn stincket / vnnd die vnthaten der thörechten Frauwen / auch wie die Sündflut kommen vnd alle Welt vernichtet hat / wie auch Sodoma vnd Gomorra mit Schwefel vergiengen/vnd wie so viel vbels/kriegs/ Todtschleg vnd Betrübnuß darauß in die Welt kommen ist / Darumb die Heiligen

Jungfrauwen / so jetzt im Himmel seind in ewigen freuden / sich mit jrem willen haben martern lassen/ehe denn sie in solche Sünde haben wöllen willigen/ weder durch verheissung noch durch Gaben/als denn jre Legenden außweisen/ Nemlich von Sanct Margarethen/ von Sanct Catharinen / von Sanct Lucien/von eilff tausent Jungfrauwen/ vnnd von viel andern/das zuuiel were alles zuerzehlen/in welcher gestalt dieselben Gott gedienet / vnnd alle Anfechtung des Fleisches/ vnnd des Teuffels vberwunden haben / vnd damit jmmerwerende freud erlanget. Deßhalb liebe Töchter/ist es nicht anders/denn wer sich reyn wil halten/daß er Gott lieb habe/ vnd jn förchte von gantzem seinem gemüt vnd hertzen / was vbels / was schadens oder schmertzens euch auch zustehe/von Gott oder der Welt/Bitt auch mit fleiß / daß jhr wolt tag vnd nacht gedencken/ wenn euch böse Anfechtungen zustehen/ daß jr bestendiglich vñ fest darwider seid/ vñ die statt ewers bleibens betrachten / auch was vbels euch hergegẽ darauß mag erwachsen.

Von eines Ritters Frauw / die den Pfaffen lieb wolt haben / vnd wie sie jren Mann den Ritter zum dritten mal versucht.

ES war ein alter vnd frommer Ritter / der war viel zeit ohn ein Eheweib gewesen / Zum letsten kamen seine freunde zu jm / vnd riethen jm / daß er ein Weib neme / das versprach er jnen zuthun. Nuh funden sie gar ein schöne Tochter zu Rom / die brachten sie jm / als er sie nuh beschawet / da gefiel sie jhm gar wol / er nam sie vnd gewañ sie gar lieb / vnnd sie waren bey einander drey Jar / daß sie kein Kind hatten. Einsmals gienge die Fraw in die Kirchen / da begegnet jhr jr Mutter / vnd sprach zu jr: Liebe Tochter / Gott sey mit dir. Die Tochter sprach: Auch mit dir mein hertzliebe Mutter. Die Mutter aber sprach: Nuh sag mir liebe Tochter / wie gehet es dir mit deinem Mann? Die Tochter sagt: Vast vbel / denn er ist mir am Beth als nütz als leg ein Stock bey

mir /

mir/ich mag auch kein leibliche Freude mit
jm haben / darumb wil ich einen andern lieb
haben. Sprach die Mutter: Liebe Tochter/
nicht thu das / vnd nim̃ dir kein solchen weg
für / denn dein Vatter vnd ich seind so lang
bey einander gewesen/ vnd hab mich solcher
ding nie vnterwundē. Die Tochter sprach:
Das war kein wunder / denn jr beide waret
noch jung/vnd hatte ewer jeglichs lust vnnd
freude von dem andern / also ist es nicht
mit meinem Mann/ denn er ist alt/ vnnd
aller ding vnuermögend / darumb wil ich
einen andern haben. Die Mutter sprach:
Nuh sag mir wen wilt du doch lieb haben:
Sie sprach: Ach einen Pfaffen hie inn die-
ser Stadt. Die Mutter sprach: Sag mir
warumb den Pfaffen vnnd nicht einen an-
dern/ wer es nicht besser vnd minder Sünd
mit einem Ritter / oder sunst mit einem an-
dern Mann? Sie sprach: Neyn es/vnd ist
das die vrsach/ gewünne ich einen andern
lieb / derselb hett mein bald genug/vnd spot-
tet mein/Also ist es nicht vmb den Pfaffen/
denn er darff kein geheimnuß offenbaren/

oder er schendet sich selbst/ was ich auch von jhm begere des bin ich allezeit von jhm gewerdt/ darumb so wil ich den Pfaffen lieb haben. Da sprach die Mutter: Mein liebes Kindt folge meinem Rath/ das wirdt dir nutz vnnd gut/ Merck liebe Tochter/ alte Leuth seind grimmig vnd zornig/ darumb versuche deinen Mann vor/ magst du ohn nachtheil von jhm kommen/ so nimb denn den Pfaffen. Die Tochter sprach: Jch mag nicht lang beiten. Da sprach die Mutter: Nuh folge mir/ vnnd versuche jn einmal/ es gereuwet dich nimmermehr. Sprach die Tochter: Mutter/ vmb deinen willen leide ich mich/ sage mir wie sol ich jm thun? Die Mutter sagt: Du weißt wol/ daß er einen Baum inn seinem Garten hat/ der jhm besonder lieb ist/ denselben hawe ab/ so er außreitet jagen/ vnd lege jhn in das Fewer/ vnd laß jn verbrennen/ ist es denn daß er dir das vertregt/ so magst du dest sicherer den Pfaffen oder ein andern lieb haben. Sprach die Tochter: Mutter/ ich wil deinem Rath folgen. Mit dem gieng sie heym/ da fragt sie

jhr

jhr Mann/ wo sie so lang gewesen wer? Sie sprach: Herr inn der Kirchen/ vnd hab Gottes Wort gehört/ auch habe ich mit meiner Mutter geredt. Der Ritter sprach: Das gefellt mir wol/ denn du solt alle tag das Reich Gottes von ersten suchen. Darnach balde ritte er auß jagen/ als seine gewonheit war. Da sprach die Frauw zum Gärtner: Mein Herr ist kalt/ so er vom gejägts kompt/ darvmb wöllen wir in den Garten gehen/ Holtz abhawen/ vnd ein Fewer machen/ darbey er sich werme. Der Gärtner sprach: Das ist gut/ vnd nam seine Axt inn die Handt/ gieng inn den Garten/ vnd die Fraw mit jhm/ Da samlet er allenthalben das Holtz zusammen/ biß sie zum Baum kamen/ den der Ritter so lieb hatte/ Da sprach die Frauw zum Gärtner: Hawe den Baum ab. Der Gärtner sprach zu jhr: Da behüt mich Gott vor/ denn mein Herr hat den Baum lieber denn diese alle inn dem Garten. Als nuh die Frauw das höret daß es der Gärtner nit thun wolt/ nam sie jhm die Axt auß seiner Hand/ vnd hiewe den Baum selbst ab/ leget jhn an das Fewer. Der Ritter kam vmb Vesper zeit vom gejägts/ Die Fraw gieng jm entgegen / vnd setzt jm ein Sessel zu dem fewer/ daß er sich wermen solt. Als er nu ein weil saß vnnd sich gewermet hatt/schmeckte er das Holtz/ Da berůffet er den Gärtner/ vnd sprach: Sage mir/lieber Gärtner/mich dűncket ich schmecke den Baum im feuwer ligen/ der neuw gezweigt ist. Der Gärtner sprach: Herr es ist war/der Baum ist abgehawen. Da sprach der Ritter: Da sey Gott vor/daß der new gezweigt Baum abgehawen sey. Die Fraw sprach: Es ist war / ich hab es selbs gethan /da ich empfande daß es kalt war/hieb ich jn ab/vñ legt jn ans fewer/ euch dabey zuwermen. Der Ritter sahe sie an mit zornigem Gesicht/vñ sprach: Deß můß dich Gott plagen/denn du weißt wol daß er mir so lieb war/vnd du hast jn abgehawen. Als sie nu die wort höret/begund sie gar bitterlich zuweinen/ vnd sprach: Ich habs vm̃ ewert willen gethan / darumb solt jr meinen willen in gutem auffnem̃en/ deñ hette ich gewißt/ daß es euch so vbel gefallen wűrde / ich

hette

hette es nicht gethan. Der Ritter sprach: Höre auff weinen/ich wil dir das jetzt vergeben. Des morgends gieng die Fraw aber zu Kirchen / kame zu jhrer Mutter/ vnd sagt: Mutter dir sey wol/ ich bin deinē rath nachkommen/ vnnd hab meinen Mann versucht wie du mich geheissen hast/ mein Mañ war etwas zornig / aber als ich weinet / vergabe er es mir / vnd hieß mich auff hören weinen. Da sagt die Mutter: Liebe Tochter wiewol ein alt Mann ein mal vbersicht / so behelt er doch gern eins zum andern/ darumb so rath ich dir daß du jhn noch ein mal versuchest. Die Tochter sprach: Ach liebe Mutter was sagest du mir? Jch kan nit so lang beiten/ deñ ich hab ein grosse begierd zu dem Pfaffen/ auch so vil anfechtung/ daß du ein mitleiden mit mir soltest haben. Die Mutter sprach: O mein liebe Tochter/ du hast deinen Mañ ein mal versucht vmb meiner bitt willē/ versuche jn noch einst von deines Vatters wegen. Sie sprach: Mutter es ist mir viel zu lang/ aber ich wils thun vm̃ meins Vatters willen/ vñ sage mir wie soll ich jn versuchen?

Die Mutter sprach: Du weißt das er ein kleines Hündlin hat / vnd das jhm vast lieb ist / darumb daß es seiner Bethstatt hütet / dasselb tödte vor seinen Augen / vbersicht er dir das / so magest du deinen willen hinfürt desto künlicher wagen. Die Tochter sprach: Mutter ich wils thun. Da sie nuh heym kame vnnd den Tag mit freuden vertrieb / vnd der Ritter zu nacht vor dem Kemmet beym Fewer saß / nach seiner gewonheit / vnnd stunde jhre Bethstatt nahe darbey / mit Purpur vnnd köstlicher zierd gedeckt / kame das Hündlin / als sein gewonheit ware / vnd sprang auff das Beth. Als nuh die Frauw das sahe / nam sie es bey den hindern Füssen / vnd schlug es an ein wandt daß jm das Hirn außgieng. Da der Ritter das sahe / sprach er: O du allerböste vnter allen Weibern / warumb hast du mir mein getrewes Hündlin vor meinen Augen getödt? Sie sprach: Herr sehet jhr nicht daß vnser Beth mit so gar köstlicher zierung geschmücket ist / vnd das Hündlin allezeit das Beth vnseubert? Er sprach: Mir war der Hundt

vil

vil lieber denn das Beth mit aller seiner zierung. Sprach die Fraw: Ich verstehe nuh wol/was ich thue vmb vnsers nutzen willen/ das hasset jhr vbel/fienge an zuweinen/vnnd jhr Haupt zuschlahen/vnd sprach: Ach mir armen Weib. Vnd da er sie sahe weinen/ vnd jr Haupt schlahen vnd räuffen / sprach er: Nuh hör auff weinen/es sey dir verzihen. Des morgens frühe stund sie auff/gieng in die Kirchen zu jhrer Mutter / vnnd sprach: O mein liebe Mutter / Gott sey mit dir/ Jetzt wil ich den Pfaffen lieb haben / denn ich habe seine lieb thewr kaufft / in dem daß ich so lang gewartet hab / denn ich vmb deinen willen das alles hab gethan / vnd da ich ein wenig weinet/vergab er mirs. Die Mutter sprach: O mein liebe Tochter/das alter ist gar grimmig/ich rathe dir daß du jhn wider versuchest. Sprach die Tochter: Ach wißtest du was ich leide vmb des Pfaffen willen / du erlaubtest mir es bald. Sprach die Mutter: Nuhn höre mich/ so wil ich dich fürbaß nicht daran jrren/ Du weißt daß du Milch auß meinen Brüsten gesogē hast/vñ

daß ich grossen schmertzen deinet halben ge-
litten habe / da ich dich gebar / vmb des wil-
len versuch jn zum dritten mal/vnd gehet es
dir hin/so wil ich dir verheissen/ daß ich dich
forthin nit mehr seumen wil. Die Tochter
sagt: Die Pein düncket mich gar viel zu
schwer/daß ich on dē Pfaffen muß seyn/aber
seitemal du mich so gar hoch ermanet hast/
so sag mir / womit soll ich jhn versuchen?
Die Mutter sprach: Den nechsten Sontag
wil dein Mann wiertschafft halten/ da ich
vnd dein Vatter vn̄ vil edler Leuth auß der
Stadt Rom werden seyn/Vnnd so wir alle
oben an dem Tisch werden sitzen/vnd du ge-
gen jm/ vnd der Tisch voll Wein vn̄ kost ist
gesetzt/so hencke heimlich deine schlüssel in
das Tischtuch/vn̄ sprich: Ach wie bin ich so
vergessen/ich habe mein messer in der Kam-
mer gelassen/vnd stehe damit vngestümlich
auff/ziehe das Tischtuch mit dir auff das
Erdrich/vnd thu als ob du es nicht gern ge-
than habest/als sey es dir leyd. Die Tochter
sprach: Das wil ich gern thun. Als nun der
tag kam daß es zeit war/ kamē sie all zu dem
essen/

essen/vnd ward geordnet vnd gethan/als die Mutter geheissen hatt. Vnd da der Tisch voll Kost vnd Wein war/ vnd jederman nider gesessen war/sprach die Frauw: Ach wie bin ich so vergessen/ich hab mein Messer in der Kammer gelassen/vnnd stund gar vngestümmig auff/zoge das Tischtuch vnd was darauff stund auff die Erden / das gantz nichts auff dem Tisch blieb/sonder alles das darauff stund/ward verschüttet. Der Ritter jhr Ehemann ward gar sehr bewegt vnd voll scham/ließ so bald ein newes Tischtuch holen/ vñ alle ding anders ordnen/ darnach hieß er sie mit freuden essen/ sie wurden all frölich/ vñ assen wider. Des morgens früh gieng der Ritter zum Scherer/ vnd sprach: Lieber Meister / kanst du meinem Weib zur Ader lassen / zu welcher Ader ich dich heisse? Der Scherer sprach: Ja wol. Sprach der Ritter: So gehe mit mir. Vnnd da er heim kam / gieng er zum Beth da sein Weib lag/ vñ hieß sie auffstehn. Sie sprach: Es ist doch noch nit Tertz zeit. Der Ritter sprach: Vnd wers noch nit Prim zeit/ so solt du doch auff stehen.

stehen. Sie sprach: Was soll ich noch auff-
thun? Er sprach: Du mußt zur Ader lassen
an beiden Armen. Sie sprach: Jch hab nie
gelassen. Er sprach: Das ist war/ darumb
bist du vnsinnig worden/ gedenckest du nicht
was du mir gethan hast? Erstlich mit dem
Baum / darnach mit dem Hündlin/ vnnd
gestert die grosse schmachheit / das alles
kompt von bösem geblüt / Darumb wil ich
dir das böß geblüt lassen außziehen / daß du
mich nicht mehr also lesterst. Sie stund wei-
nend auff/ vnd hub jre Hend gegen Him-
mel/ vnnd sprach: Erbarmet euch vber mich.
Er sprach: Du solt nicht bitten vmb barm-
hertzigkeit/ Gott gehöret barmhertzigkeit
zu/ vnd hebest du den Arm nicht bald zu der
Flieten/ nim̃ ich dir das Blut vom Hertzen/
gedenck was vbels du mir gethan hast. Also
bote sie den Arm zur Flieten. Sprach der
Ritter: Nuhn schlahe tieff genug. Der
Scherer schlug daß das blut herauß gieng.
Der Ritter wolte sie nicht lassen verbinden/
biß das sie sich vnter dem Angesicht ent-
ferbt. Da sprach der Ritter: Nuhn verbinde

den

den Arm / vnnd beut den andern Arm bald zu der Flieten her. Sie sprach: O Herr erbarmet euch vber mich/nem̃et war/ich sterbe. Der Ritter sprach: Das soltest du betrachtet haben / da du mir die drey boßheit thetest. Sie strecket den Arm zu der Flieten/ Der Scherer schlug/ vnd ließ jr viel Bluts herauß/ biß daß sie sich aber entferbt. Er hieß jr den Arm verbinden/ vnd hieß daß sie sich legt an jhr Beth/ daß sie gedechte ein ander mal recht zuthun. Sie legt sich nider/ vnnd ward kranck / hieß ein Jungfraw zu jr kommen/ vnnd sprach zu jhr: Nuh gehe bald vnd heiß mein Mutter zu mir kommen/ ehe ich sterbe. Als nuhn die Mutter das hört/ ward sie gar fro / vnd gieng zu jhrer Tochter. Als die Tochter die Mutter sahe/ sprach sie: O du allerliebste Mutter / ich bin jetzt gleich todt / denn es ist so viel blut von mir gangen / daß es ein wunder ist daß ich noch lebe. Die Mutter sprach: Ich sagt dir vor daß alte Leuth grimm vnd wünderlich weren / wilt du noch den Pfaffen lieb haben? Die Tochter sprach: Der Teuffel nem̃ den

Pfaffen vnd alle Pfaffen/ ich wil niemandt denn meinen Ehelichen Mann.

Wie die Aglester dem Herren sagt von der Frawen bulschafft.

EIn Bürger war inn einer Stadt der hett ein Aglester die war jm so lieb/ daß er sie all tag lehrte Hebreisch reden/ biß sie die sprach wol kund reden/ vñ was die Aglester sahe oder höret/ das sagt sie alles dem Herrn. Nu name derselb Bürger ein junges Weib zur Ehe / die war gar schön / aber sie hatt den Mann nicht gar lieb / als man jr noch gar viel findet / Denn er des nachts mit jhr am Beth nicht schimpffen mocht / darumb gewann sie einen andern lieb / vnd wenn der Mann auß der Stadt ritt / so schicket sie nach jhrem Bulen / daß er die nacht bey jhr schlaffen solt / vnd wenn die Aglester das sahe / so sagte sie das alles jrem Herrn wenn er wider heim kam / also daß der Frauwen ein böser beruff in der gantzen Stadt außkame. Der Bürger straffet sie offt darumb / aber sie sprach: Du glaubest allezeit deiner Aglester / vnd alle dieweil sie lebet / so werden wir nimmer eins. Er sprach: Die Aglester kan nicht liegen / deñ was sie sicht vnd hört / das sagt sie mir / vñ nicht anders / darumb glaub ich jr mehr denn dir. Es fügt sich eins mals daß der Herr außritt / da schicket sie nach jrē Bulen / daß er zu jhr keme / das thet er nicht / sondern wartet biß auff die nacht / daß jhn niemand sehe. Als es nuh dunckel ward / kame er vnd klopffet an / Sie thet jm auff vnd sprach: Nu gehe frölich herein / dich sihet niemand. Er sprach: Die Aglester bringet vns zuschanden. Sie sprach: Gehe sicher herein/ wir wöllen vns dise Nacht an der Aglester rechē. Also gieng er hinein/ Da er durch den Hof gieng / da die Aglester in hieng/ sagt sie: O Gesell/ ich höre dich wol/ du thust vnrecht an meinem Herren/ als bald mein Herr kompt/ wil ich es jhm sagen. Da er das höret/ sprach er zur Frawen: Sihest du/ das sagt ich dir vor/ die Aglester würde vns schenden. Sie sagt: Du solt dich nicht förchten/ denn wir wöllen an diser noch gerochen werden. Also giengen sie mit einander in die Kammer/ vnd schlieffen bey einander. Darnach vmb den Hanenkreh stund die Fraw auff/ rüfft der Magd/ vnd sprach: Schanddeckerin wir wöllen ein Leiter nemen/ vnnd auff das Tach gehen/ denn ich wil mich hinnacht an der Aglester rechen. Also nam sie ein Leiter/ steig auffs Tach/ vnnd brach ein loch vmb die Handreich da die Aglester hieng/ vnd hatt kleine steinlin/ ein Kübel voll Wassers vnd grieß/ diese drey wurffen vnnd schutten sie die gantze Nacht auff die Aglester/also daß sie bey nahe gestorben war/Als nuh das geschahe/ giengen sie herab/ vnnd liessen sie also hangen. Am morgen früh ließ sie jhren Bulen zu der hinder Thür hinauß. Als man nuh Prim zeit leuttet/ da kam der Ritter geritten/gieng zu der Aglester/vnnd sprach zu jhr: Mein liebe Aglester sage mir/ wie ist es dir dieweil ergangen seit daß ich nicht bey dir bin gewesen? Die Aglester sprach: Es ist mir vnterweilen nicht wol ergangen/aber ich sage dir was ich gehört hab/ die Frauw hat jhren Bulen des nachts hereingelassen/ vnnd ich sagt jhm ich wolt dir es nicht verschweigen/ Aber wie mir sey geschehen/ weil du nicht hie gewesen bist/ sag ich dir daß mir nie weher geschehen ist/ denn die vergangne Nacht/ denn Hagel/ schnee vnnd regen fiel auff mich/daß ich schier todt war. Als nuhn die Frauw das höret/ sprach sie zu dem Mann: Du glaubest aber deiner Aglester/deñ sie spricht/daß in dieser Nacht sey gewesen Hagel/Schnee vnd Regen/vnd ist doch diß Jar nie schönere Nacht gewesen/als diese vergangene Nacht. Als nuhn der Bürger beide red höret/ gieng er zu seinen Nachbawren/ vnnd fraget sie / ob es die nacht auch gewittert hett? Sie sprachen: es were ein schöne liebliche nacht gewesen. Da der Bürger hört/ daß der Frawen wort war waren/ warde er auff die Aglester zornig/ vnnd sprach zu der Frawen: Du hast war gesagt. Sie sprache: Herz/ jhr merckt wol daß die Aglester leugt/ vnnd viel vneinigkeit zwischen vns macht/ Denn ich von jren wegen vberal inn der Stadt außgetragen worden bin. Nach dem gienge er zu der Aglester/ vnnd sprach zu jhr: Nuh sage mir/ habe ich dich nicht alle tag inn meinen henden gespeißt/ warumb thust du denn solliches liegen zwischen mir vnnd meinem Weib? Die Aglester sprach: Gott weiß/ daß ich war hab gesagt/ denn was ich sihe vnd höre das sage ich/ vnnd nicht anders. Der Bürger sprach: Du leugst / Denn du hast mir gesagt daß es diese nacht so gewittert hab/ das ist nicht / denn es kein nacht schöner gewesen ist denn diese/ Du solt mir fürbaß kein solche lügen mehr sagen / auch kein vneinigkeit

keit mehr zwischen mir vnnd meinem Weib machen / mit dem nam er die Aglester vnnd zerret jhr das Haupt ab. Da nuh die Fraw das höret / ward sie sehr fro / vnnd sprach: Lieber Haußwirt/du hast jhr recht gethan/ wir mögen nuhn wol mit lieb leben. Als er nuh die Aglester getödtet hatt / sahe er vbersich/ vnd sahe ein loch durch das Dach/ vnd ein Leiter / darauff sie vnd die Magd hinauff gestigen waren/ da begundt er sich zuverwundern warumb die Leiter hinauff gestellet / auch warumb das loch ins Dach gemacht were/vñ steig hinauff/fandt ein kübel mit wasser/vñ den grieß/wie sie das die gantze nacht auff die Aglester hatten geworffen/ vnd die Aglester gemeint hette/es wer hagel vnd regen gewesen. Als er nuh die Büberey beschawet hatt/ steig er wider herab / schrey mit klagender stimme/vñ sprach: O ich thörichter Mañ/daß ich von meins bösen Weibes wegen mein Aglester getödt hab/an der All mein freude lag / vnd die mir die warheit allzeit gesagt hat. Als er nuhn verstund daß sein weib solcher vntrew mit jm gespilt hatt verkaufft er alles das er hatt / vñ fuhr von jr in das Heilig Landt/kam nimmermehr wider zu jhr heim.

Wie ein Weib jhr Ehe brach / vnnd dem Bulen daruon halff.

ES war auff eine zeit ein Schultheiß in einem Dorff/ der gieng auß seine Weingarten zubesehen/ vñ etwas darinn zuarbeiten/ In des ließ das Weib jren Bulen zu jhr kommen/verhofft der Mann würde ein gute weil außbleiben / vnnd machten sich in die Kammer /in dem kam der Mann/ klopfft hefftig an / denn er war zornig / dieweil jm ein Reb ein Aug schier außgeschlagen hatt. Das Weib wůscht auff / verbarg den Bulen / vnnd thet mit zittern die Thůr auff / da begert er daß man jhn wolt das Beth zubereiten / denn er möcht nicht bleiben vor grossem schmertzen. Dessen erschrack

schrack das Weib noch mehr / denn sie hatt sorg / käm er in die Kammer / er würde jrgends den Bulen sehen / vnnd sprach zum Mañ: wie eylest du zum Beth / sag mir vorhin / was ist dir geschehen? Der gut Mann sagt der Frawen sein bresten. Da antwort sie: Lieber laß mich dir zuuor das Aug mit Artznev versehen / daß das ander Aug nicht auch zuschanden werde / deß war der Mann zufriden / da legt sich die Frauw mit jhrem Maul auff das gesund Auge des Manns / vnd deutet als bald mit jrer Hand dem knaben er solt sich packẽ / das thet er. Als das geschehen / sprach das Weib zum Mann: Nu bin ich sicher daß dir kein vbel zum andern gesunden Auge widerfehrt / leg dich nuh nider in das Beth vnd ruh. Es war wol liebe Töchter vorm Mann verhält / aber nicht destminder blieb die Sünde groß vnnd schwer bey Gott / dieweil er spricht:

Du solt dein Ehe nicht brechen.

Wie ein Mutter jrer Tochter zum Ehebruch halff.

EIn Ritter zog vber Feld/ vnnd befahl sein Weib jhrer eignen Mutter / Die Tochter aber hatte nach dem abscheid jhres Manns ein jungen Knaben lieb/ das hielt sie jhrer Mutter für/ die verwilliget darein/ vnnd ließ bald den jüngling beruffen / Als sie aber beyeinander sassen vnnd zechten/ kam der Ritter vnnd klopfft an / Bald wüscht das Weib auff vñ verbarg den Bulen vnters Beth/ darnach thet sie dem Mañ auff/ der hieß jhm bald das Beth bereiten/ denn er were müde worden /deß warde die Frauw vast betrübet/ Aber die Mutter ersahe es/ vnnd sprach zu jhr: Nicht eile mein Tochter das Beth zudecken biß wir deinem Mann das Tuch / das wir zwo gesponnen haben/ zeigen/ damit thet die Mutter das Tuch auff/ streckt es vbersich an eim theil so hoch sie mochte/ vnnd die Tochter am andern theil/ so lang biß der Bul daruon kam.

Also

Also warde der gut Mann betrogen durch das Tuch vnnd sein Schwiger/ vnd sprach bald zu der Tochter: Nuh bereyt das Beth schön/ das thet sie. Diß laster/ liebe Töchter/ soll bey der Welt mit ertrencken gestraffet werden/ woh die Oberkeit kein besserung verhoffe/ darumb soll man sich mit gantzem fleiß daruor hüten/ auch ist es wider Gott gethan.

Von hoffertigen Weibern gegen jhren Männern.

NV wil ich euch anzeigen etliche Frauwen/ die sich zu hochfertig vnnd vbermütig halten/ vnnd das so jn Gott verliehen hat/ nicht mit rhuwen niessen mögen/ wie denn die Chronic sagt von derselben Frauwen einer/ die war eines schlechten Ritters Tochter/ genannt Beriart/ hübsch vnnd jung/ also/ daß ein König der reich vñ mechtig war/ sie begert vnnd name. Da dieselb so hoch geehrt vñ mechtig war/ achtet sie nicht mehr

mehr jhrer gesipten Freunde/ begundt sich auch der zuschemen/ vernichtet sie zusehen/ vñ ward vber die maß vbermütig vnd hochfertig/ wolt auch nicht dem König ehr entbieten/ als sie denn thun solt/ darumb daß er ein schlechter gütiger Mann war / Verschmehet auch durch jr Hoffart deß Königs Freund/ daß sie meniglich hasset/ vñ den König wider sie zu zorn bewegten/ mit recht vñ vnrecht/ wie sie mochten/ also daß er sie nach anweisung seiner Freunde wider von jhm trieb/ vnd also durch jr vnzimliche Hoffart/ solliche grosse Ehr vnd Gut das sie gehabt hatte / verlor/ als man denn noch viel Leuth vnd Frauwen findet/ die Ehr vñ Ruh nicht vertragen noch leiden mögen/ vnd sich durch jr vntugendt in neidt vnd hassz/ vnd zuletst zunicht bringen/ durch jr hochmut vnd stoltze rede/ als dieser Königin geschach/ Da sich ein jede fromme Frauw vor hüten soll/ sonderlich wenn sie merckt/ daß jhr Mann tugentsam vnd ohne boßheit ist/ soll sie jhm nicht dest minder ehr erbieten/ so wird sie dadurch von denen die es sehen vnd hören/ dest

mehr

mehr gelobt vñ geehrt/Sie sol auch schlecht lich/ vñ in seiner liebe vnd freundschafft halten/ deñ die Hertzen der Menschen nicht allzeit eins gemüts seind/ vñ kompt etwan darzu/daß stein vmbgekert werden/ vñ Rossz fallen/ Denn man wil etwan meinen ein Mañ sey schlecht vnd einfaltig/ so ist er doch eins bösen hertzen/ Darumb ein Frauw jhrem Mann nicht kan zuuiel gehorsam seyn/ warinn das ist/zu behalten das/ so jhr Gott geben vnd beschert hat.

Wie König Herodes sein Haußfraw mit einem Messer zu todt stach/ daß sie jhm stoltze antwort gab.

ICh wil euch ein Exempel sagen von des grossen Königs Herodis Haußfrauw/ dieselbig war jhm on massen lieb/ Nuh fügt sichs daß er ghen Rom zog/vnd sein Hofgesind am widerkeren die Königin gegen jhm vnter-

vnterstunden zuuerklagen / vnnd dieweil sie jr feindt warē / sie höchlich beschuldigten / deñ sie gar ein wünderlich wesen fürt / vñ bezichtigten sie eins andern Manns / darvon der

König sehr erzürnet ward / vnnd jhr sollichs fürhielte vnnd verwisse / Da gab sie jhm solche hochmütige vnnd stoltze antwort / daß es den König so hoch bewegt / daß er sie mit eim Messer erstach / vnnd noch mehr erzürnet ward / daß er die warheit derselben bezichtigung nicht erfahren kundte / Nicht dest minder war jhr sollichs geschehen durch jhr hochmütige rede / Darumb alle Frawen hiebey sollen abnemmen / daß sie

ge-

gegen jren Männern züchtig vnd demütig seind / vnnd jn gute vnd süsse antwort geben. Deñ Salomon der weiß spricht: daß durch sänffte vnd gute wort/ die ein fromme Fraw jrem Mañ mag geben/ sein zorn gemindert vnd abgestellt wird / Denn auch ein Mann von rechts wegen den pracht seiner wort gegen seiner Frawen behalten soll/ er hab recht oder nicht/ sonderlich vor den Leuthen vnnd wenn er erzürnet ist / Wenn jhm denn sein zorn vergangen ist / mag sie jhm als denn wol zuuerstehn geben/ daß er vnrecht gehabt hat/ darmit behelt sie seinen frieden / vnnd wird weder geschmecht noch geschlagen/ als dieser Königin begegnet.

Von der Königin Vasthi/
Hest. 1.

ZV den zeiten Ahasueros/ der da regiert von India biß auff Moren / vber hundert vñ siben vnd zwentzig Länder/ da er auff seinem Königlichen Stul saß zu Susan/ Im dritten Jar seines Königreichs / machte er bey jhm ein Mahl/allen seinen Fürsten vnd Knechten/nemlich den gewaltigen in Persen vnnd Meden/den Landpflegern vnnd öbersten in seinen Lendern/daß er sehen ließ den herrlichen Reichthumb seines Reichs/ vnd den köstlichen Pracht seiner grösse viel tag lang/ nemlich hundert vnnd achtzig tag.

Vnd da die tag auß waren/macht der König ein Mahl allem Volck / das zu Schloß Susan war/beide groß vñ kleinen/ sieben tage lang im Hofe des Gartens am Hauß des Königs. Da hiengen weisse/ rote vnd gelbe Tücher mit scharlachen seylen gefasset inn silbern Ringen/auff Marmeln Seulen/ꝛc. vnd das Getranck trug man in gülden gefäß/vnd niemand war auffgesetzt was er trincken solt/vnd ein jeglicher mocht thun wie es jhm wolgefiel.

Vnd die Königin Vasthi macht auch ein Mahl für die Weiber im Königlichen Hauß des Königs Ahasueros. Vnnd am sibenden tage/da der König guts muts war vom wein/hieß er Mehuman/Bistha/ Harbona/

bona/Bigtha/Abagtha/Sethar vñ Charcas/die siben Kämmerer/die für dem König Ahasueros dieneten / daß sie die Königin Vasthi holeten für den König mit der Königlichen Krone/ daß er den Fürsten vnd Völckern zeigte jhr schöne / denn sie war hübsch/ Aber die Königin wolt nicht kommen/ deß ward der König sehr zornig/ vnnd sein grim̃ erbrannt in jm.

Vnd der König sprach zu den Weisen die sich auff Landsitten verstunden (denn des Königs Sachen mußten geschehen für allen verstendigen auff Recht vnd Händel) Die nechsten aber bey jhm waren Charsena / Sethar/ Admatha / Tharsis / Meres/ Marsena vnd Memuchan / die sieben Fürsten der Perser vnnd Meder/ die das Angesicht des Königs sahen / vnd sassen oben an im Königreich / Was für ein Recht man ahn der Königin Vasthi thun solt/ darumb daß sie nicht gethan hatte nach dem wort des Königs durch seine Kämmerer. Da sprach Memuchan für dem König vñ Fürsten: Die Königin Vasthi hat nicht allein an dem König vbel gethan / sondern auch an allẽ Fürsten vñ an allen Völckern in allen Landen des Königs Ahasueros. Denn es wirdt sollich stück der Königin außkommen zu allen Weibern / daß sie jhre Männer verachten vor jhren Augen / vnnd werden sagen: Der König Ahasueros hieß die Königinn Vasthi für sich kommen / aber sie wolte es nicht thun / So werden nuh die Fürstinnen inn Persen vnnd Meden auch also sagen zu allen Fürsten des Königs / wenn sie solliche stück der Königinn hören / so wirdt sich verachtens vnd zorns genug erheben. Gefellet es dem König / so laß man ein Königlich Gebott von jhm außgehen / vnnd schreiben nach der Perser vnnd Meder Gesetz / welchs man nicht darff vbertretten / daß Vasthi nicht mehr für den König Ahasueros komme / vnnd der König gebe jr Königreich jhrer nechsten / die besser ist denn sie / Vnnd daß diser Brieff des Königs der gemacht wird / in sein gantz Reich (welches groß ist) erschalle / daß alle Weiber jre Männer in ehren halten / beide vnter grossen vnd kleinen.

Das gefiel dem König vnnd den Fürsten / vnd der König thet nach dem wort Memuchan. Da wurden Brieffe außgesandt inn alle Länder des Königs / inn ein jeglich Landt nach seiner Geschrifft / vnd zu jeglichem Volck nach seiner Sprach / daß ein jeglicher Mann der Oberherr in seinem Hauß seie / vnd ließ reden nach der Sprach seines Volcks.

Sehet / liebe Töchter / dabey nemmet ein Exempel ewern Männern zu gehorchē / vnd zuuorab bey den Leuthen / jnen auch ehr vnnd liebe zuerzeigen / wo jhr anders der Welt huld behalten wöllet / Aber wenn jhr einig bey einander seid / mögt jhr euwer gemüt gegen jhnen wol entblössen / vnd euweren willen sagen / doch nach dem jhr sein weiß vnd brauch wisset. Deß mercket ein Exempel vom Löuwen vnnd seiner eigenschafft / Der ist der Natur / wenn jm die Löwin etwas verdruß beweiset / kompt er nimmermehr zu jr / seine herrschung also anzuzeigen/vnd ist den Frawen ein gut Exempel/ so ein wilds vnuernünfftigs Thier auß eigenschafft seiner Natur sein Gemahel förchtet/ ists viel billicher daß ein fromme Fraw jrem Mañ/der jr von Gott geben ist/gehorsam sey.

Wie Haman durch seine Hoffart/ vnd daß er seines Weibs rath gefolgt/gehenckt ward mit zehen Söhnen.

NAch dem Vasthi verworffen/ vnd Ester ein Tochter seines Vettern Mardachai zur Königin vom Ahasueros angenommen/ macht der König auch groß den Haman/erhöhet jhn/vnd setzt seinen Stul vber alle Fürsten die bey jhm waren/ vnnd alle knecht des Königs/die im Thor des Königs waren/ beigeten die knie vnd betteten Haman an/deñ der König hatt es also gebottẽ.

Mar-

Mardachai aber thet deren keins/ des ward Haman voll grims/ vnd verachtet es doch/ daß er an Mardachai allein solt die Hend legen / sondern vnterstunde im Reich das gantz Judische Volck zuvertilgen / vnnd

bracht zuwegē beim König durch ein Mandat/ daß man im zwölfftē Monat am dreyzehenden tage / alle Juden solt vmbringen/ Das geschahe / aber Ester wendet das vbel durch anbringung jhres Vettern Mardachai.

Darauff lude Hester den König vnd

Haman zu gast / darinn ward Hester aller bitt vom König gewert / des lude sie die zwen des anderen tags wider. Dardurch ward Haman noch stöltzer / trate heim frölich vnd guts muts / vnnd da er sahe Mardachai im Thor des Königes / daß er nicht auffstunde / noch sich vor jm bewegt / warde er voll zorns vber Mardachai. Aber er enthielt sich / vnnd da er heym kam / sandt er hin / vnnd ließ holen seine Freund / vnd sein Weib Seres / vnnd erzehlet jhnen die herrligkeit seines reichthumbs / vnd die menge seiner Kinder / vñ alles wie jhn der König so groß gemacht hett / vnd daß er vber die Fürsten vnd knecht des Königs erhaben wer. Auch sprach Haman / vnd die Königinn Ester hat niemand lassen kommen mit dem König zum Mahl das sie zugericht hat ohn mich / Vnnd bin auch morgen zu jr geladen mit dem König / Aber an dem allem hab ich kein genůgen / so lang ich sihe die Juden Mardachai ans Königs Hof sitzen.

Da sprach zu jm sein weib Seres vnd all seine Freund: Man mache einen Baum

fünfftzig

fünfftzig elen hoch/vñ sage morgen dem König/ daß man Mardachai dran hencke/ so kommest du mit dem König frölich zum Mahl. Das gefiel Haman wol/vnd ließ ein Baum zurichten.

Aber dieser böß rath ward gebrochen/ deñ in derselben nacht kundte der König nit schlaffen/ vnd hieß die Chronica vnd Historien bringen/ die wurden gelesen/biß es kam auff Mardachai / wie der den König gewarnet hett/ daß jhn Bithana vnnd Theres zween Kämmerer nicht erschlagen hetten. Da sprach der König: Was haben wir Mardachai dafür gethan? Da sprachen die Diener: Nichts. Vñ der König sprach: Wer ist im Hof? (denn Haman war in den Hof gangē/daussen für des Königs Hauß/ daß er dem König sagt/Mardachai zu hencken an den Baum den er jm zubereit hatte) vñ die Knaben sprachen zum König: Sihe Haman stehet im Hof. Der König sprach: Laßt jhn herein gehen.

Vnd da Haman hinein kame/sprach der König zu jhm: Was soll man dem thun/

 den

den der König gern wolt ehren? Haman verhofft es gieng jn an/ vñ sprach: Den Mann den der König gern wolt ehren/ sol man her bringen/ daß man jm königliche Kleider anziehe/ die der König pflegt zutragen/ vnnd das Rossz da der König auff reittet/ vnd daß man die königliche Kron auff sein Haupt setze/ vnd man soll solch Kleid vnd Rossz geben in die Hand eins Fürsten des Königs/ daß derselb den Mann anziehe/ den der König gern ehren wolt/ vnd führe jhn auff dem Rossz in der Stadt gassen/ vnd lasse rüffen für jhm her: So wird man thun dem Mañ den der König gern ehren wolt.

Der König sprach: eile bald/ vnd thue also Mardachai dem Jüden. Als sie nuh herumb kamen inn der Stadt/ lieff Haman bald mit verhültem Kopff heim/ vnd erzelet die sach seinem Weib vnd Freunden/ Die sprachen: Ist Mardachai vom samen der Juden/ für dem du zufallen angehabẽ hast/ so vermagst du nichts an jhm/ sonder du wirst vor jm fallen. Da sie aber noch mit jm redten/kamen des Königs Kämmerer / vnd trieben Haman zum Mahl zukommen/ das Ester zugericht hatt.

Vnd da der König mit Haman kam zum Mahl/das die Königin Ester zugericht hatte/sprach der König zu Ester des andern tags da er Wein getruncken hatt: Was bittest du Königin Ester / daß mans dir gebe/ vnd was forderst du? auch das halb Königreich/es soll geschehen. Ester sprach: hab ich gnad für dir funden/ O König / vnd gefellet es dem König / so gibe mir mein Leben vmb meiner bitt willen / vnnd mein Volck vmb meines begerens willen / Deñ wir seind verkaufft/daß wir vertilget/ erwürgt vnd vmbbracht werden/Vnd wolt Gott wir würden doch zu Knechten vnd Mägden verkaufft/so wolt ich schweigen / so würde der feind doch dem König nicht schaden.

Der König Ahasueros sprach zu Ester: Wer ist der? oder wo ist der? der solches in seinen sinn neñen darff/also zuthun? Ester sprach: Der Feind vñ Widersächer ist diser böß Haman. Haman aber entsatzt sich vor dem König vnd der Königin/vnnd der König stund auff vom Mahl vnd vom Wein in seinem grim/ vnd gieng in den garten am Hause/ Vnd Haman stund auff vnd bate die Königin Ester vmb sein leben/denn er sahe/ daß jhm schon ein vnglück vom König bereit war.

Vnnd da der König wider auß dem Garten am Hause/ in den saal/ da man gessen hatte/ kam/lag Haman an der banck / da Ester auff saß / Da sprach der König: Wil er auch die Königin würgen bey mir im Hauß: Da das wort auß des Königs mund gieng/verhülltē sie Haman das Angesicht/ Vnnd Harbona der Kämmerer einer für dem König sprach: Sihe/es steht ein Baum im Hauß Haman fünfftzig elen hoch / den er Mardachai gemacht hatte/der guts für dem König geredt hat. Der König sprach: Laßt jhn daran hencken / Also hencket man Haman an Baum den er Mardachai zugericht hatte. Da legt sich des Königs zorn.

Dergleichen hieß der König auch thun sein

sein zehen Söhnen / Vnnd Hamans zehen Söhne wurden auch gehenckt nach des Königs geheiß.

Hie sehet jr liebe Töchter / was das für ein vnweise Frauw gewesen sey / die jhr nit wolt lassen benůgen mit jres Manns ehre / sonder darůber rathen ander Leuth vmb zubringen / das jr zu grossem schaden reichet / vnd bracht nicht allein jren Mañ vnd Kinder an den Galgen / sonder macht das gantze Land blutig / also / daß sich die Jůden an allen jhren Feinden rachen. Da sie sahe den zorn jhres Manns wider Mardachai / solt sie jhn billicher nicht darinn gesterckt / sonder mit vernůnfftigen sůssen worten daruon gewisen haben / vnnd allermeist / da sie horte / daß sein zorn zum argen reichte / damit so were er nicht zu einem solchen schendtlichen todt kommen / Darumb kein Frauw jhren Mañ in seinem zorn bleiben soll lassen / sondern vnterstehen jhn tugentlich daruon abzuwenden / vnnd jhm vernůnfftiglich anzeigen / was schadens jhm darauß an Leib vnd Seel erwachsen mög.

Vom

Vom leben vnd todt der Königin Jsebel.

AM acht vnnd dreissigsten Jar Assa des Königs Juda / ward Ahab der Sohn Amri König vber Jsrael / vnd thete das dem Herrn wolgefiele / vnd war jm gar gering / daß er wandelt in der sünd Jerobeam / vnnd nam darzu Jsebel die Tochter Eth Baal des Königs zu Zidon zum Weib / vnnd gieng hin vnnd dienet Baal / vnnd bettet jn an / rc.

Diese

Diese Jsebel verfolget alle Propheten in gantz Jsrael / deßhalben Abdia hundert Propheten versteckt in die hülen / je fünfftzig vnd fünfftzig / sie versorgt mit Brodt vnnd mit Wasser / auff das sie vor der Jsebel möchten bleiben.

Darüber ließ sie versteinigen Naboth den Jsraeliter / daß er jhrem König Ahab nicht wolte zukauffen geben seinen Weinberg bey des Königs Pallast gelegen. Regum 21.

Dise vnnd andere händel gefielen Gott so vbel / daß er das gantze Hauß Ahabs strafft / Also ward Ahab vor Ramot in Gilead durchschossen mit einem Pfeil zwischen dem Magen vnd Lungen.

Nach dem ward Jehu ein Sohn Josaphat / des Sohns Nimsi / zum König gesalbet vber Jsrael / der zog gen Jesrael / vnd schoß zu todt Joran / vñ Ahasia ward auch zutodt von seinen dienern geschlagen / damit kam Jehu gen Jesrael / vnnd als Jsebel das erfuhr / schmücket sie jr Angesicht / schmücket jhr Haupt vnnd guckt zum Fenster hinauß.

Vnd da Jehu vnter das Thor kam/sprach sie: Ists Simri wol ergangen der seinen Herren erwürgt? Vnnd er hub sein Angesicht auff zum Fenster/vnd sprach: Wer ist bey mir? Da wandten sich zwen oder drey Kämmerer zu jhm/Er sprach: Stürtzet sie herab/ vnnd sie stürtzten sie herab/ daß die wandt vñ die Rossz mit jrem blut besprengt wurden/vnd sie ward zertretten.

Vnd da er hinein kam/vnd gessen vnd getruncken hatte/sprach er: Besehet doch die verfluchte/vnd begrabet sie /denn sie ist eins Königs Tochter. Da sie aber hin giengen sie zubegraben/funden sie nichts von jr/denn den Schedel/ Füsse vnd jr flache Hend/vnd kamen wider vnd sagtens jm an/Er sprach: Es ist das der HErr geredt hat durch seinen knecht Elia den Theßbiten/ vnnd gesagt: Auff dem acker Jesreel sollē die Hund der Jsebel Fleisch fressen/ Also ward das Aß Jsebel wie ein Dreck auff dem Feld im Acker Jesreel/ daß man nicht sagen kundt: das ist Jsebel.

Darumb liebe Töchter hütet euch vor

Hoffart

Hoffart vnd Tyranney wider die fromme/ vnd Abgötterey/denn solchen lohn gibt Gott vmb diese Sünde.

Wie Athalia allen Königlichen Samen vmbbracht/ 4. Regum 11.

Athalia Ahasia Mutter / da sie sahe daß jhr Son todt war/ macht sie sich auff vnd brachte vmb allen Königlichen samen. Aber Joseba/die Tochter des Königs Joram/Ahasia schwester/nam Joas den Son Ahasia/vnd stal jn auß des Königs kindern/ die getödtet wurden mit seiner Amme inn der schlaffkammer / vnnd sie verbargen jhn vor Athalia/ daß er nit getödtet ward/ Vnd er war mit jhr versteckt im Hauß des Herren sechs Jar. Athalia aber war Königin im Land.

Im sibenden Jar aber sandte hin Joiada/vnnd nam die öbersten vber hundert mit

Vnd da
sie: Ists
Herren
sicht auf
bey mir
Kämme
herab/
wandt
wurden

getrun
verflu
König
sie zu
den
Ka

[illegible] Hauptleuten vnnd die Traban-
[illegible] sie zu sich ins Hauß des Her-
[illegible] macht einen bund mit jn/
[illegible] jm im Hauß des Her-
[illegible] des Königs Sohn vnd
[illegible] sprach: Das ist das jr thun
[illegible] dritt theil/ die jhr des Sab-
[illegible] der Hutwarten im Hauß
[illegible] vnd ein dritt theil soll seyn am
[illegible] ein dritt theil am Thor das
[illegible] vnd solt der Hut
[illegible] Aber zwey theil
[illegible] des Sabbaths abgehe/ solt
[illegible] im Hauß des Herren vmb
[illegible] vnd den König
[illegible] vnd ein jeglicher mit seiner
[illegible] vnd wer herein zwi-
[illegible] der Hand / [illegible] der sterbe/ daß jhr
bey dem König seit wenn er auß vnnd ein-
gehe.

Vnd die obersten vber hundert theten
wie jn Joiada der Priester gebotten
vnd namen zu sich jhre Männer/ die
Sabbaths angiengen mit den die des
Sab-

baths abgiengen / vnd kamen zu dem
ster Joiada / Vnnd der Priester gab
Hauptleuthen speiß vnd schildt die des
gs Dauid gewesen waren vnnd in n
Hauß des Herrn waren / vnd die Tra-
en stunden vmb den König her / ein jeg-
r mit seiner Wehr in der Hand / vnnd
ß des König Sohn herfür kommen /
d setzt jm ein Kron auff / vnnd nam das
eugnuß / vnnd machte jhn zum König /
d waren frölich / schlugen die Hende zu-
men / vnnd sprachen: Glück zu dem Kö-
.

Vnd da Athalia höret das geschrey des
olcks / das zulieff / kam sie zum Volck inn
s Hauß des Herren / vnnd sahe / Sihe / da
nde der König an der Seulen / wie es ge-
onheit war / vnd die Senger vnd Drom̃e-
er bey dem König / vnnd alles Volck des
Lands war frölich / vnnd bliesen mit Dro-
meten / Athalia aber zerreiß jhre kleider vnd
sprach: Auffrhur / auffrhur. Aber der Prie-
ster Joiada gebot den öbersten vber hun-
dert / die vber das Heer gesetzt waren / vnnd

mit den Hauptleuthen vnnd die Trabanten/ vnnd ließ sie zu sich ins Hauß des Herren kommen/ vnd macht einen bundt mit jn/ vnd nam ein eyd von jn im Hauß des Herren/ vnnd zeigt jnen des Königs Sohn/ vnd gebot jnen/ vnnd sprach: Das ist das jr thun solt/ Euwer ein dritt theil/ die jhr des Sabbaths angeht/ solt der Hut warten im Hauß des Königs/ vnnd ein dritt theil soll seyn am Thor Sur/ vñ ein dritt theil am Thor das hinder den Trabanten ist/ vnd solt der Hut warten im Hauß Massa/ Aber zwey theil ewer aller die jr des Sabbaths abgeht/ solt der Hut warten im Hauß des Herren vmb den König/ vnd solt rings vmb den König euch machen/ vnnd ein jeglicher mit seiner wehre in der Hand/ vnnd wer herein zwischen die Wand kommet/ der sterbe/ daß jhr bey dem König seiet wenn er auß vnnd eingeht.

Vnd die öbersten vber hundert theten alles wie in Joiada der Priester gebotten hatte/ vnnd namen zu sich jhre Männer/ die des Sabbaths angiengen mit den die des

Sab-

Sabbaths abgiengen / vnd kamen zu dem Priester Joiada / Vnnd der Priester gab den Hauptleuthen speiß vnd schildt die des Königs Dauid gewesen waren vnnd in n dem Hauß des Herrn waren / vnd die Trabanten stunden vmb den König her / ein jeglicher mit seiner Wehr in der Hand / vnnd er ließ des Königs Sohn herfür kommen / vnnd setzt jm ein Kron auff / vnnd nam das gezeugnuß / vnnd machte jhn zum König / vnnd waren frölich / schlugen die Hende zusammen / vnnd sprachen: Glück zu dem König.

Vnd da Athalia höret das geschrey des Volcks / das zulieff / kam sie zum Volck inn das Hauß des Herren / vnnd sahe / Sihe / da stunde der König an der Seulen / wie es gewonheit war / vnd die Senger vnd Drommeter bey dem König / vnnd alles Volck des Lands war frölich / vnnd bliesen mit Drometen / Athalia aber zerreiß jhre kleider vnd sprach: Auffrhur / auffrhur. Aber der Priester Joiada gebot den öbersten vber hundert / die vber das Heer gesetzt waren / vnnd

M — sprach

sprach zu jhnen: Führet sie zum Hauß hinauß in den Hof / vnd wer jr folgt der sterbe des Schwerdts/ Denn der Priester hatt gesagt/ sie solt nicht im Hauß des Herrn sterben / Vnd sie legten die Hend an sie / vnd sie giengen hinein des wegs da die Rossz zum Hauß des Königs gehen/ vnd ward daselbs getödtet.

Da machte Joiada einen Bundt zwischen dem Herren vnd dem König vnd dem Volck/ daß sie des Herrn Volck seyn solten. Also auch zwischen dem König vnnd zwischẽ dem Volck. Da gienge alles Volck des Lands in das Hauß Baal/ vnnd brachen seine Altar ab / vnnd zerbrachen sein Bildnuß recht wol/ Vnd Mathan den Priester Baal erwürgten sie vor den Altaren. Der Priester aber bestellet die ämpter im Hause des HERRN/ vnd nam die öbersten vber hundert vnd die Hauptleuth/ vnd die Trabanten / vnd alles Volck des Lands/ vnnd führeten den König hinab vom Hause des Herrn/ vñ kamen auff dem wege vom Thor der Trabanten / zu des Königs Hauß/ vnd er satzte sich auff der Könige Stul/ vnd alles Volck im Land war frölich/ vnd die Stadt war still. Athalia aber tödten sie mit dem Schwerdt ins Königs Hauß / Joas aber war sieben jar alt da er König ward.

Wie Miria mit Aaron wider Mosen redten seins Weibs halben.

MIria vnd Aaron redeten wider Mose vmb seines Weibs willen / der Mörinnen die er genommen hatte / darumb daß er ein Mörin genommen hatte zum Weib/ vnd sprachen: Redt denn der HERR allein durch Mose? redt er auch nicht durch vns? Vnd der Herr hörets / Aber Mose war ein sehr sanfftmütiger Mensch vber alle Menschen auff Erden. Vnd plötzlich sprach der Herr zu Mose/ vnd zu Aaron/ vnd zu Miriam: Gehet herauß jhr drey zu der Hütten des zeugknuß/ vnd sie giengen alle drey herauß.

Da kam der Herr hernider in der Wol-

sprach zu jhnen: F
auß in den Hof/
des Schwerdts/
sagt/ sie solt nicht
ben/ Vnd sie leg
giengen hinein
Hauß des Kö
getödtet.

Da mach
schen dem H
Volck/ daß s
Also auch zw
schē dem Vo
Lands in de
seine Alta
nuß reck
Baal e

aber schrey zum HERRN/vnd
ch Gott heile sie. Der HERR
Mose: Wenn jhr Vatter jhr ins
nt gespeiet hette/solt sie nicht sieben
hemen? Lasse sie verschliessen siben
em Läger/ darnach laß sie wider
men. Also ward Miriam siben
schlossen auß dem Läger/ vnd das
zog nicht fürter [illegible] Miriam auff-
men ward.

Bey diser H[illegible] merckẽ/ wie
es ist eine[illegible] n andern häs-
d neidig se[illegible] das laster Gott
lenge gar[illegible] rafft leßt/ zuuor-
der nei[illegible] ie Gottes gaben/
die [illegible] t/ Darumb soll nie-
[illegible] ren/ denn er mag sei-
[illegible] nd wem er wil geben/
[illegible] umb an/darff jm auch
[illegible] en/ vnd sagen: Warum̃
[illegible] so einer jm darein redt/
[illegible] r jhn erst mit har-
[illegible] Plagen/ꝛc.

ckenseule/vnnd trate in der Hütten thür/vnd rieff Aaron vñ Miriam/vnd die beide giengen hinauß/ Vnnd er sprach: Höret meine wort/ ist jemand ein Prophet des Herrn/ dem wil ich meine wort kundt machen in eim gesicht/ oder in eim Traum wil ich mit jm reden/ Aber nicht also mein knecht Mose/ der in meinem gantzen Hauß getrew ist/ Mündtlichen rede ich mit jm/ vnnd er sihet den Herrn in seiner gestalt/nicht durch dunckele wort oder gleichnuß/warumb habt jhr euch denn nicht geförchtet wider meinen knecht Mose zureden?

Vnnd der zorn des Herrn ergrimmet vber sie/vñ wandt sich weg/dazu die Wolck weich auch von der Hütten. Vnnd sihe/da war Miriam aussetzig wie der Schne/vnd Aaron wandt sich zu Miriam/vnnd wird gewar daß sie aussetzig ist/ vnnd sprach zu Mose: Ach mein Herr lege die Sünd nicht auff vns/ da wir närrisch gethan/vnd vns versündiget habẽ/daß diese nicht sey wie ein todes das von seiner Mutter leib kompt/ es hat schon die helffte jres Fleischs fressen.

Mose

Mose aber schrey zum HERRN/ vnd sprach: Ach Gott heile sie. Der HERR sprach zu Mose: Wenn jhr Vatter jhr ins Angesicht gespeiet hette/ solt sie nicht sieben tag sich schemen? Lasse sie verschliessen siben tag auß dem Läger/ darnach laß sie wider auffnemmen. Also ward Miriam siben tag verschlossen auß dem Läger/ vnd das Volck zog nicht fürter biß Miriam auffgenommen ward.

Bey diser History ist zumercken/ wie gar böß es ist eines gegen dem andern hässig vnd neidig seyn/ vnd wie das laster Gott in die lenge gar nit vngestrafft leßt/ zuuorab so der neidt ist vmb die Gottes gaben/ wie hie die Miriam thet/ Darumb soll niemands vber Gott murren/ denn er mag seine gaben/ wenn/ wie/ vnd wem er wil geben/ vñ sicht niemand darumb an/ darff jm auch niemand darein reden/ vnd sagen: Warumb thustu also? Vnd so einer jm darein redt/ so strafft er jhn erst mit harten Plagen/ rc.

Von den zweyen Weibern Helkana/ Hanna vnd Peninna.

Elkana hatt zwey Weiber/ eine hieß Hanna/ die ander Peninna/ Peninna aber hatte Kinder/ vnd Hanna keine. Derselbige Mann gieng hinauff von seiner Stadt/ zu seiner zeit/ daß er anbetet vnnd opffert dem Herrn Zebaoth zu Silo/ Daselbs waren aber Priester des Herren Hophni vnd Pinehas/ die zween Söhne Heli.

Da es nun eins tags kam/ daß Elkana opfferte/ gab er seinem Weib Peninna vnd allen jhren Töchtern stücke/ Aber Hanna gab er ein stück trawrig/ denn er hatte Hanna lieb/ Aber der Herr hatt jhren leib verschlossen/ vnnd jhre widerwertige reitzet sie/ vnd warff jhr auch für jr vnfruchtbarkeit/ daß der Herr jhren leib verschlossen hette/ also thet sie alle Jar/ wenn man hinauff gieng zu des Herrn Hause/ vnd reitzet sie also/ so weinet sie denn vnd aß nichts. Elkana aber jr Mann sprach zu jr: Hanna warumb

umb weinest du/vnd warumb jssest du nichts/ vnd warumb gehebt sich dein Hertz so vbel/ bin ich dir nicht besser denn zehen Söhne?

Da stund Hanna auff/ nach dem sie gessen hatten zu Silo/ vnd getruncken/ vnd sie war voll betrübnuß im Hertzen/ vnd bettet zum Herrn/ vnd weinet/ vnd gelobt ein gelübd/vnd sprach: Herr Zebaoth/wirst du deiner Magd elend ansehen/ vnnd an mich gedencken/ vnd deiner Magd nicht vergessen/ vnnd wirst deiner Magd einen Sohn geben/ so wil ich jhn dem Herren geben sein lebenlang.

Vnnd nach langem betten für dem HERren/wiewol Eli meinet sie were voll Weins/sie aber das antwortet/ sprach er zu jhr: Gehe hin mit frieden/der Gott Jsrael wird dir geben dein bitte/die du von jhm gebetten hast.

Vnnd Elkana beschlieff sein Weib Hanna/vnnd der Herr gedacht an sie/ vnd da etlich Tag vmb waren/ ward sie schwanger/ vnd gebar einen Sohn/den hieß sie Samuel/denn ich hab jn von dem Herren gebetten.

Vnnd was sie dem Herrn gelobt / das leistet sie jhm als das Kindt entwehnt warde.

Hie sollen die Weiber betrachten / daß sich kein Frauw sol vberheben des guten damit sie Gott hat versehen / vnnd dardurch ander Leuth hassen vnnd verachten / sonder sie soll Gott dem Herrn höchlich lob vnnd danck sagen / vnnd gegen niemands weder neidt noch haßz brauchē / damit jr nicht solch gut wider entzogen / vnd in leyd vnd trauren gekert werde.

Was vntrew dem Simson die Delila bewiß.

SImson gewann ein Weib lieb am Bach Soreck / die hieß Delila / Zu der kamen der Philister Fürsten hinauff / vnnd sprachen zu jhr: Vberrede jn / vnnd besihe warinn er solche grosse krafft hab / vnnd womit wir jn vberm ögen / daß wir jhn binden vnnd zwingen /

gen / so wöllen wir dir geben ein jeglicher tausent vnd hundert Silberlinge.

Vnnd Delila sprach zu Simson: Lieber sag mir / warinn dein grosse krafft sey /

vnnd womit man dich zwingen mag / daß man dich binde? Simson aber betrog sie drey mal / vnnd sagt jhr nit die rechte warheit / Deß sprach sie zu jm: Wie kanst du sagen / du habest mich lieb / so dein Hertz doch nicht mit mir ist? drey mal hast du mich betrogen / vnd mir nichts gesagt / warinn dein grosse krafft sey.

Da sie jn aber trieb mit jren worten alle tag / vnnd ließ jm keine ruh / ward sein Seel matt biß in den Todt / vnd sagt jhr sein gantzes Hertz / vnnd sprach zu jhr: Es ist nie kein schermesser auff mein Haupt kommen / deñ ich bin ein Nazir Gottes von Mutter leib an / Wenn du mich beschůrest / so wiche meine krafft von mir / daß ich schwach würde / vnd wie alle andere Menschen. Da nu Delila sahe daß er jhr all sein Hertz offenbart hatt / sand sie hin / vnd ließ der Philister Fürsten růffen / vnd sagen: Kompt noch einmal herauff / denn er hat mir all sein Hertz offenbart.

Da kamen der Philister Fürsten zu jr herauff / vnd brachten das gelt mit sich herauff in jrer Hand. Vnd sie ließ jhn entschlaffen auff jrem schoß / vnd rieff einem der jhm die sieben löck seines Haupts abschöre / vnnd sie fieng an jn zuzwingen. Da war seine krafft von jm gewichen / vnd sie sprach zu jm: Philister vber dich Simson. Da er nuh von seinẽ schlaff erwachet / gedacht er / Ich wil außgehen wie ich mehrmal gethan habe / ich wil mich

mich außreissen / vnnd wißte nicht daß der Herr von jm gewichen war. Aber die Philister griffen jhn vnd stachen jm die Augen auß/ vñ fürten jn hinab gen Gasa/ vnd bunden jn mit Erin fesseln / vnd er mußt malen im gefencknuß. Aber das Har seins Haupts fieng wider an zuwachsen / wo es beschoren ware.

Da aber der Philister Fürsten sich versamleten jrẽ Gott Dagon ein groß Opffer zuthun/ vñ sich zufrewen/ sprachen sie: Unser Gott hat vns vnseren Feind Simson in vnser Hend geben. Deßgleichen als jn das volck sahe/ lobten sie jren Gott / deñ sie sprachen: Unser Gott hat vns vnsern Feind in vnsere Hend geben/ der vns vnser Land verderbt/ vñ vnser viel erschlug. Da nu jr Hertz guter ding war/ sprachẽ sie: Laßt vns Simson holen/ daß er für vns spile. Da holten sie Simson auß dem gefencknuß/ vñ er spilet für jn/ vñ sie stellten jn zwischẽ zwo seulẽ.

Simson aber sprach zu dem Knaben der jn bey der Hand leytet: Laß mich daß ich die Seulen taste/ auff welchen das Hauß steht/ daß

daß ich mich daran lehne. Das Hauß aber war voll Männer vnnd Weiber/ Es waren auch der Philister Fürsten allda / vnnd auff dem Tach bey drey tausent Mann vnnd Weiber / die zusahen wie Simson spilet. Simson aber rieff den HErren an / vnnd sprach: Herr/ Herr/ gedencke mein/ vnd stercke mich doch Gott diß mal / daß ich für mein beide Augen mich einest reche an den Philistern.

Vnnd er fasset die zwo mittel Seulen/ auff welche das Hauß gesetzt war/ vnd darauff sich hielt / eine in sein rechte / die ander in sein lincke Hand/ vnnd sprach: Mein Seel sterbe mit den Philistern / vnnd neygt sich krefftiglich / Da fiel das Hauß auff die Fürsten vnd auff alles Volck das darinn war/ daß der todten mehr war die in seinem todt sturben / denn die bey seinem leben sturben.

Also bracht der Geitz vnd die Vnkeuschheit den Simson vmb seine Stercke / Augen/ vnd zuletst in den Todt. Es ist sich aber

nicht

nicht zuverwundern/deñ ein geitziges Hertz sich alles vbels darff vnterstehen / wie man das klärlich inn allen Stenden der Welt mag mercken. Geitzigkeit zeucht vnnd reitzt die Herren oder Edlen zu eim Tyrannischen fürnemmen gegen jren vnderthanen/ die Geistlichen zu falscher Simoni / vnnd die Gemein etliche zu wucher / etliche zu diebstal vnd mörderey / etliche zu verrätherey / vnnd anderen bösen dingen/ die Jungfrawen vnnd Eheweiber macht sie zu Huren/ vnd etliche Kinder zubegern jres Vatters vnnd Mutter todt / allein daß jhnen jr Gut werde. Judas verrieth auch Christum vmb geitzigkeit vnnd einer kleinen summen gelts willen/ Also auch noch heut bey tag die Fürsprechen vnnd andere die das Gericht üben/ die die warheit verkeren vnd verkauffen / denn sie eim armen Mann seine Sach vnd Recht verlengern/auff das sie dest mehr genieß von jm haben mögen / So nemen etliche zu beiden seiten / vnnd verkauffen dardurch jhre rede/ die jnen Gott der HERR zu gemeinem gut vnnd nutz hat verliehen/

Darumb gut ist / sich vor solchem laster zuhüten / denn vngestrafft gehet es nit hin / dergleichen auch die vnlauterkeit / rc.

Von einem Leuiten vnnd seinem Weib. Judic. 19. Wie die BenJamiter die verwüsten / vnd darnach groß mordt darauß kam.

EIn Leuitischer Mann war frembdling an der seiten des gebirgs Ephraim / vñ hatt jm ein Kebßweib zum Weib genommen von BethLehem Juda / vnd da sie neben jhm hatt gehuret / lieff sie von jm zu jres Vatters Hauß gen BethLehem Juda / vñ war daselbst vier Monden lang / Vnnd jhr Mann macht sich auff vnd zoch jr nach daß er freundlich mit jhr redet / vnnd sie widerumb zu sich holet / vnnd hatte einen Knaben vnd ein par Esel mit sich. Vnd sie führet jn in jres Vatters Hauß / Da jn aber der Dirnen Vatter sahe / warde er fro vñ empfieng jn / vnd sein Schweher der Dirnen Vatter hielt

hielt jhn / daß er drey tag bey jm blieb / assen vnnd trancken / vnnd blieben des nachts da. Des vierdten tags machtē sie sich des morgens früh auff / vnd stund auff / vnd wolt ziehen / Da sprach der Dirnen Vatter zu dem Eiden: Labe dein Hertz vor mit eim bissen Brods / darnach solt jr ziehen / vnd sie satzten sich vnd assen beide miteinander / vnnd trancken / Da sprache der Dirnen Vatter zum Mañ: Lieber bleib vber nacht / das wird deinem Hertzen sanfft thun. Aber der Mann stund auff vñ wolt ziehen / aber sein Schweher nötiget jhn daß er vber Nacht da blieb. Des morgens am fünfften tag macht er sich auff vnnd wolt ziehen / Da sprach der Dirnen Vatter: Lieber labe dein Hertz / vnd laß vns verziehen biß sich der tag neiget / vnd assen also die beide miteinander.

Vnd der Mann macht sich auff / vnd wolt ziehen mit seinem Kebsweib vñ mit seinem Knaben / Aber sein Schweher der Dirnen Vatter sprach zu jm: Sihe der tag left ab vñ wil abend werdē / bleib vber nacht / sihe hie ist Herberg noch disen tag / bleib hie vber

nacht /

nacht/das wirdt deinem Hertzen wol thun/ morgen so stehet jr früh auff/vnnd ziecht euwers wegs zu deiner hütten. Aber der Mañ wolt nit bleiben/ sonder macht sich auff vnd zoge hin / vnnd kam biß für Jebus / das ist/ Jerusalem/vnnd sein par Esel beladen/ vnd sein Kebsweib mit jhm. Da sie nuh bey Jebus kamen / fiel der tag fast dahin / vnnd der knab sprach zu seinem Herrn: Lieber zeuch/ vnnd laß vns in diese Stadt der Jebusiter weichen / vnnd vber nacht darinnen bleiben. Aber sein Herr sprach zu jm : Jch wil nicht inn der frembden Stadt weichen / die nicht seind von den kindern Jsrael / sonder wöllen hinüber gen Gibea / vnnd sprach zu seinem Knaben: Gehe fort/ daß wir hinzu kommen/ an einem ort/ vnd vber nacht zu Gibea oder zu Ramath bleiben. Vnd sie zogen fort vnd wandelten/vnd die Sonn gieng hinunter zu Gibea/die da ligt vnter Ben Jamin/ vnnd sie wichen daselbst hin/daß sie hinein kemen/ vnnd vber nacht zu Gibea blieben. Da er aber hinein kam / satzt er sich in der Stadt gassen / denn es war niemandt der

sie

sie die Nacht im Hauß beherbergen wolte.

Vnd sihe da kam ein alter Mann von seiner arbeit vom felde am abend/ vñ er war auch vom gebirg Ephraim/ vnd ein Fremdling zu Gibea / Aber die Leuth desselben orts waren kinder Jemini/ vnnd da er seine Augen auffhube vnnd sahe den Gast auff der gassen/ sprach er zu jhm: wo wilt du hin? vnnd wo kommest du her? Er antwort jm: wir reysen von BethLehem Juda/ biß wir kommen an die seit des gebirgs Ephraim/ daher ich bin gen BethLehem Juda gezogen/ vnd ziehe jetzund zum Hauß des Herren/ vnd niemand wil mich herbergen/ Wir haben stroh vnd futter für vnser Esel/ Brot vnnd Wein für mich vnd deine Magd/ vnd für dein Knaben/ der mit deinen dienern ist/ daß vns nichts gebrist.

Der alt Mann sprach: Gehab dich wol/ alles was dir mangelt findest du bey mir/ bleib nur vber Nacht nicht auff der gassen/ vnd führet jhn in sein Hauß/ vnnd gab dem Esel futter/ vnnd sie wuschen jhre Füß / vnd assen vnnd truncken. Vnd da jhr Hertz nuh guter ding war/sihe da kamen die Leuth der Stadt/ Kinder Belial/ vnd vmbgaben das Hauß/ vnd pochten an der Thür/vnnd sprachen zu dem alten Mann dem Haußwirt: Bring den Mann herauß der in dein Hauß kommen ist/ daß wir jn erkennen.

Aber der Mann der Haußwirt gieng zu jn herauß/vnd sprach zu jhn: Nicht meine Brüder/ thut nicht so vbel/ nach dem dieser Mann in mein Hauß kommen ist/ thut nicht ein solche thorheit/ Sihe/ ich habe ein Tochter noch ein Junckfrauw/ vnd dieser ein Kebsweib/ die wil ich euch herauß bringen/ daß jr sie zu nicht machet/ vñ thut mit jhn was euch gefellt/ aber an diesem Mann thut nit ein solche thorheit. Aber die Leuth wolten jhm nicht gehorchen/ Da fasset der Mann sein Kebsweib/ vnd bracht sie zu jhn hinauß die erkeñten sie/ vñ giengen schändlich mit jhr vmb die gantze nacht/ biß an den morgen/ vnd da die Morgenrödt anbrach/ liessen sie sie gehen.

Da kam das Weib herfür morgens/

vnd fiel für die thür am Hauß des Manns/ da jhr Herr innen war/ vnd lag da biß liecht ward. Da nuh jhr Herr des morgens auffstund/ vnd die Thür auffthet am Hauß vn̄ herauß gieng daß er seines wegs zög/ sihe/ da lage sein Kebsweib vor der Thür des Hauses/ vnd jhre Hend auff der Schwelle. Er aber sprach zu jr: stehe auff/ laß vns ziehen/ Aber sie antwortet nichts/ Da name er sie auff seinen Esel/ macht sich auff vnd zog an sein ort.

Als er nuh heim kam/ nam er ein Messer/ vnnd faßt sein Kebsweib/ vnd stücket sie mit Bein vnd mit allem in zwölff stück/ vnd sandte sie in alle Grentze Jsrael. Wer das sahe/ der sprach/ solches ist nit gesehen noch geschehen seit der zeit die Kinder Jsrael auß Egypten zogen seind/ biß auff diesen Tag. Nuh bedenckt euch vber dem/ vnd gebt rath/ vnd sagt an.

Da zogen die Kinder Jsrael auß vnd versamleten eine gemeine wie ein Man̄/ von Dan biß gen Bersaba/ vnd vom Land Gilead zu dem Herrn gen Mizpa/ vnd tratten zu hauff von allen winckeln/alles Volck aller Stemme Israel in der gemein Gottes/ vier hundert tausent Mann zu fuß/ die das schwerdt außzogen. Aber die Kinder BenJamin hörten daß die Kinder Israel hinauff gen Mizpa zogen waren/ Vnd die Kinder Israel sprachen: saget/wie ist das vbel zugangen.

Da antwort der Leuit des Weibs Mann die erwürget war / vnd sprach: Ich kam ghen Gibea in BenJamin mit meim Kebßweib vber nacht da zubleiben/ da machten sich wider mich auff die Bürger zu Gibea / vnnd vmbgaben mich im Hauß des nachts/vnnd gedachten mich zuerwürgen/ vnnd haben mein Kebßweib geschendet daß sie gestorben ist / da fasset ich mein Kebßweib vnnd stücket sie / vnnd sandte es in alle Feld des Erbs Israel / deñ sie haben ein vntugend vnd thorheit gethan in Israel/ Sihe/da seid jr Kinder Israel alle / schafft euch rath vnnd thut hinzu.

Da macht sich alles Volck auff wie ein Mann/vnnd sprach: Es sol niemand in

seine

seine Hütten gehen/ noch in sein Hauß weichen/ sondern das wöllen wir jetzt thun wider Gibea/ laßt vns lossen/ vnnd nemmen zehen Mann von hundert/ vnd hundert von tausent/ vnd tausent von zehen tausent/ auß allen Stämmen Israel/ daß sie speiß nemmen für das Volck/ daß sie kommen vnnd thund mit Gibea Ben Jamin/ nach jhrer thorheit/ die sie in Israel gethan haben. Also versamleten sich zu der Stadt alle Männer Israel wie ein Mann verbunden/ vnd die Stämme Israel sandten Männer zu allen geschlechten Ben Jamin/ vnd liessen jhn sagen/ was ist das für ein vbel/ das bey euch geschehen ist? So gebet nuh her die Männer die Kinder Belial zu Gibea/ daß wir sie tödten/ vnd das vbel auß Israel thun.

Aber die Kinder Ben Jamin wolten nicht gehorchen der stimme jrer Brüder der Kinder Israel/ sonder sie versamleten sich auß den Stedten gen Gibea/ außzuziehen in den streit wider die Kinder Israel/ Vnd wurden des tags gezelt die Kinder Ben Jamin

min auß den Stedten sechs vnnd zwentzig tausent Mann die das Schwerdt außzogen/ ohn die Bürger zu Gibea/ der wurden sieben hundert gezelet / vnnd außerlesen Mann. Vnnd vnter allem diesem Volck waren siebenhundert Mann außerlesen/ die linck waren/ vnd kunden mit der Schleuder ein Har treffen / daß sie nicht fehlten. Aber der Mann von Jsrael / ohn die von BenJamin/ wurden gezelt vierhundert tausent/ die das Schwerdt führten / vnd all streitbar Männer.

Vnd die Kinder Jsrael machten sich auff/ vnd zogen hinauß zum Hauß Gottes/ vnd fragten Gott vnd sprachen: wer sol für vns hinauff ziehen den streit anzufahen mit dē Kindern BenJamin? Der Herr sprach: Juda sol anfahen. Also machten sich die Kinder Jsrael des morgens auff / vnd lägerten sich für Gibea / vnnd ein jedermann von Jsrael gieng herauß zustreiten mit den BenJamitern/ vnnd schickten sich zustreiten wider Gibea. Da fielen die Kinder BenJamin herauß auß Gibea / vnnd schlugen

des

des Tags vnter Israel zwey vnd zwentzig tausent zuboden.

Aber das Volck der Männer von Israel ermannet sich/ vñ rüsteten sich noch weiter zustreiten/ am selben ort/ da sie sich des vorigen Tags gerüstet hatten/ vnd die Kinder Israel zogen hinauff vnd weinten vor dem Herrn biß an den Abend/ vnd fragten den Herrn/ vnd sprachen: Sollen wir mehr nahen zustreiten/ mit den Kindern Ben Jamin vnsern brüdern? Der Herr sprach: Ziehet hinauff zu jn. Vnd da die Kinder Israel sich machten an die Kinder Ben Jamin/ Des andern Tags fielen die Ben Jamiten herauß auß Gibea jhn entgegen/ desselben Tags/ vnd schlugen von den Kindern Israel noch achtzehen tausent zuboden/ die alle das Schwerdt führten.

Da zogen alle Kinder Israel hinauff vñ alles Volck/ vñ kamen zum Hause Gottes/ vñ weinten/ vñ bliben daselbs vorm Herrn/ vñ fasteten den tag biß zu abend/ vnd opfferten Brandopffer vnd todopffer fürm Herren/ vnd die Kinder Israel fragten den Herren/

ren/ (Es war daselbs die lade des Bunds
Gottes zu der zeit Pinehas der Son Elea-
ser Aarons Sohn / vnnd stund vor jhm zu
der zeit) vnd sprachen: sollen wir mehr auß-
ziehen zustreiten mit den Kindern Ben Ja-
min vnsern Brüdern/ oder soll ich ablassen?
Der Herr sprach: ziehet hinauff / morgen
wil ich sie in ewere Hend geben.

Vnd die Kinder Israel bestelleten ei-
nen hinderhalt auff Gibea vmbher/ vnd zo-
gen also die Kinder Israel hinauff des drit-
ten tags an die Kinder Ben Jamin / vnnd
rüsteten sich an Gibea wie vorhin zwey-
mals / Da fuhren die Kinder Ben Jamin
herauß/ dem Volck entgegen/ vnd rissen sich
von der Stadt / vnnd fiengen an zuschlahen
etliche verwundte vom Volck wie vor zwey
mals im Felde auff zwo strassen/ da die eine
ghen Bethel/ die ander gen Gibea gehet/ bey
dreissig Mann in Israel/ Da gedachten die
Kinder Ben Jamin / sie seind geschlagen
für vns wie vorhin. Aber die Kinder Isra-
el sprachen: Laßt vns fliehen / daß wir sie
von der Stadt reissen auff die Strassen.

Da

Da machten sich auff alle Mann von Israel von jhrem ort/ vnnd rüsteten sich zu Baal Thamar / vnd der hinderhalt Israel brach herfür an seinem ort/von der höle Gaba / vnnd kamen gegen Gibea zwentzig tausent Mann außerlesen auß gantzem Israel/ daß der streit hart warde / Sie wusten aber nicht daß sie das vbel treffen würde. Also schluge der Herr Ben Jamin für den Kindern Israel/daß die Kinder Israel auff den tag verderbten fünff vnnd zwentzigtausent vnd hundert Mann in Ben Jamin/die alle das Schwerdt führeten.

Denn da die Kinder Ben Jamin sahen daß sie geschlagen waren / gaben jhn die Männer Israel raum / denn sie verliessen sich auff den hinderhalt / den sie bey Gibea bestellet hatten. Vnd der hinderhalt eylet auch / vnnd brach herfür zu Gibea zu/ vnnd zog hinan vnd schluge die gantze Stadt mit der scherpff des Schwerdts.

Sie hatten aber ein losung mit einander/die Männer von Israel vnd der hinderhalt/mit dem schwerdt vber sie zu fallen/ weil der rauch von der Stadt sich erhube / Da nuh die Männer von Jsrael sich wandten im streit / vnd BenJamin anfieng zuschlagen / die verwundten in Jsrael bey dreissig Mann / vnnd gedachten / sie seind für vns geschlagen wie im vorigen streit / da fienge an sich zuerheben von der Stadt ein rauch seule. Vnd BenJamin wandt sich hindersich / vnd sihe da gieng die Stadt gantz auff ghen Himmel.

Vnd die Männer von Jsrael wandten sich auch vmb / vñ erschreckten die Männer BenJamin / denn sie sahen daß sie das vbel treffen wolt / vnd wandten sich vor den Männern Jsrael auff den weg zur wůsten / aber der streit folgt jhn nach / Dazu die von der Stadt / verderbten sie mitten vnter sich. Vnd sie vmbringten BenJamin / vnd verfolgten sie biß ghen Menuah / vñ zutratten sie biß gen Gibea / gegen der Sonnen auffgang. Vnd es fielen von BenJamin achtzehentausent Mann / die all streitbar Männer waren.

Da wandten sie sich vnd flohen zu der

Wůsten

Wüsten an den Felß Rimon. Aber auff derselben Strassen schossen sie fünfftausent Mann / vnd folgten jn hinden nach biß gen Gideom / vnd schlugen jr zwey tausent / vnd also fielen des tags von Ben Jamin fünff vñ zwentzig tausent Mañ / die das Schwert führten / vnnd alle streitbare Männer waren / Nur sechs hundert Mañ wandten sich / vnd flohen zum Felß Rimon / vnd bliben im felß Rimon vier Monden. Vnd die Männer Jsrael kamen wider zu den Kindern Ben Jamin / vnd schlugen mit der scherpffe des Schwerdts die in der Stadt von Leuthen biß auff Vich / vñ alles was man fand / vnnd alles was man inn der Stadt fande warff man in das Fewer.

Das ist ein gut Exempel / daß keine Fraw jhren Mann verlassen sol vmb zorns willen / den sie vntereinander haben / sonder den zorn jhres Manns gedültiglich vertragen / vnd den mit vernunfft vnterstehen abzulegen / vnd nicht thun wie diese gemeldte Fraw thet / denn so sie nit von jhrem Mann in jres Vatters Hauß gangen / wer jr solche

Schmach nicht begegnet/noch solch grosser Mord geschehen.

Die Weiber können nichts verschweigen.

EInes mals war ein König einem Ritter gar feindt/thet jhm grossen schaden/ vnnd meynet den Ritter vom Lande zuuertreiben/ da bereit sich der Ritter/ vnd sandte seine gute freund zum König vm̃ huldung/ Das geschahe/ sie kamen zum König vnnd baten wie jn befolhen war. Der König wolt jm keine gnad geben/denn in der weiß: Zum ersten daß er gen Hof kem/ halb geritten vñ halb zu fuß/ vnd auch mit jm brecht seinen aller trewesten Freund /sein grösten Feind/ vnd sein besten Spielmann. Das warde dem Ritter fürgelegt/ deß ward er betrübet/ vnd gedachte jm / wie er das zuwegen brechte. Eins nachts benachtet ein Bilgram bey dem Ritter/da sprach er zu seiner Haußfrawen/

wen/ ob er den Bilgram solt tödten/ er hett groß Gut bey jm? Da sprach sie: Herr/ der rath gefiel mir wol. Vnd als allermeniglich entschlieff in dem Hauß/ da weckt in der still der Ritter den Bilgram/ vnd hieß jn heymlich hinweg gehen/ vnd der Ritter ertödtet ein Kalb/ theilet das in viel stück/ legt sie in einen Sack/ vnd gab den seiner Frawen/ daß sie jhn heimlich verbarg/ vnd sprach zu jhr: Wisse/ daß ich das Haupt mit sampt den Füssen des Bilgrams in den Sack gelegt hab/ das ander theil hab ich in den stadel vergraben/ zeigt damit jhr ein ander Gelt/ als ob es des Guts wer vom Bilgram. Als der tag kame da er gen Hof solt kommen/ name er an ein widband sein Hund/ seinen jungen Sohn in die schoß/ vnnd sein Frauw zu der lincken Handt/ vnd kam gen Hof. Vnd da er nahend kam zu der Burg des Königs/ legt er sein recht Beyn auff den Hund/ vnd mit dem andern Beyn steltzt er dahin/ Also kame er halb geritten vnd halb gegangen in den Saal für den König. Vnnd da jhn der König ersahe/ wundert es jhn vnd die Ritter.

ter. Sprach er zu jm: Nuh wo ist dein allerbester Freund? Da zuckt er sein Messer auß/ vnd schluge seinem Hund ein Ohr ab/ Der Hund schrey greuwlich/ vnd nam die flucht von dem Ritter/ aber vber ein kleine weil rüffet der Ritter seinem Hundt/ alsbald kam der Hundt zu seinem Herren wider gelauffen/ Da sprach der Ritter zu dem König: Nemmet war Herr vnnd sehet/ das ist mein getreuwister Freund. Da sprach der König: Wo ist dein Spielmann? Da zeigte jhm der Ritter das Kindlein/ vnnd sprach: Sehet Herr/ kein Spielmann mag mir so viel freuden bringen als mein Sohn/ der mir so viel freuden macht/ als ob ich es vor mir sehe spilen. Da sagt aber der König: Woh ist dein gröster Feind? Da gab der Ritter alsbald einen Maulstreich seiner Frauwen/ vnd sprach zu jr: Wie sihest du so vnkeuschlich an meinen Herren den König. Sie schrey alsbalde: Du verfluchter Mörder/ warum̃ schlechst du mich/ Nun hast du wol ein kläglichere that gethan in deinem

Hauß/

hauß/ Nuh höret Herr/ vñ alle die eweren/
hat ein armen Bilgram ermördet in sei-
em Hauß / vmb eines kleinen Gelds wil-
n / von wegen seiner boßheit. Als der Rit-
r das erhört/ gab er jhr zu dem andern mal
nen Maulstreich / vnd sprach: O du ver-
uchtes Weib / warumb zeihest du mich ei-
er solchen vnzucht / vnnd du besorgest dich
arumb gar nicht? Vnnd als bald ward sie
tzündet in zorn / vnd sprach: Kompt her
r Herrn in mein Hauß / vnnd besehet die
arheit/ daß ich recht habe/ dz er das Haupt
rm vnd Füß des Bilgrams in sein stadel
t begraben. Das höreten alle die da stun-
n / vnd giengen in des Ritters Hauß zu-
hen ob der rede also were wie die Frauw
tte fürgeben. Das Weib lieff für / vnnd
et den Stadel auff / da der Sack mit dem
albfell vnd mit dem Fleisch in verborgen
z. Da das die Diener fundẽ/ sahen sie daß
nit Menschẽ Fleisch war/ An den Beinen
Fleisch erkanten sie des Ritters klugheit/
lobten jn in seiner weißheit/ namen jn wid
ff/ vñ ward dem König mit besonder lieb

vnd

vnd gantzer freundschafft gar höchlich vereinet/also/ daß er jhn darnach in seinen rath nam.

Wie Simsons Frauw das Retzel verrieth.

SImson gieng hinab gen Timnath/ vnnd sahe ein Weib zu Timnath vnter den Töchtern der Philister/ Vnnd da er herauff kam/ sagt ers an seinem Vatter vnnd seiner Mutter/ vnnd sprach: Jch hab ein Weib gesehen zu Timnath vnter den Töchtern der Philister/ gebt mir nuh dieselb zum Weib. Sein Vatter vñ sein Mutter sprachen zu jhm: Jst denn kein Weib vnter den Töchtern deiner Brůder vnnd in alle deinem Volck/ daß du hingehest vnd nimmest ein Weib vnter den Philistern/ die vnbeschnitten seind.

Simson aber sprach zu seinem Vatter: gib mir diese/ denn sie gefellt meinen Augen.

Augen. Aber sein Vatter vnd Mutter wu=
[illegible]en nicht/ daß es von dem Herrn ware/ denn
[illegible]r sucht vrsach an den Philistern/ die Phili=
[illegible]er aber herrscheten zu der zeit vber Israel.
Also gieng Simson hinab mit seinem Vat
[illegible]r vnd mit seiner Mutter ghen Timnath.
Vnd als sie kamen an die Weinberge ghen
Timnath/ sihe da kam ein junger Löw brül=
[illegible]nde jm entgegen/ vnd der Geist des Herrn
[illegible]ard fertig vber jhm / vnnd zutheilt jhn
[illegible]ie man ein Böcklin zutheilt / vnnd hatte
[illegible]och gar nichts in seiner Hand / vnnd sagts
[illegible]icht an seinem Vatter noch seiner Mut=
[illegible]er.

Da er nuh hinab kame/ redt er mit dem
Weib/ denn sie gefiel Simson in seinen Au=
[illegible]en. Vnd nach etlichen tagen kam er wider
[illegible]aß er sie neme/ vñ trate auß dem weg daß er
[illegible]as Aß des Löuwen besehe / sihe da war ein
Binschwurm im Aß des Löwens/ vnd Ho=
[illegible]ig / vñ er nams in seine Hand vñ aß dauon
[illegible]nterwegen / vnnd gieng zu seinem Vatter
[illegible]nnd zu seiner Mutter / vnnd gab jn daß sie
[illegible]uch assen. Er sagt jn aber nicht an / daß er

das Honig von des Löwen Aß genommen
hatte.

Vnd da sein Vatter hinab kam zu dem
Weib/ macht Simson daselbs ein Hoch-
zeit/ wie die jüngling zuthun pflegen/ Vnd
da sie jn sahen/ gaben sie jhm dreissig Gesel-
len zu die bey jhm solten seyn Simson aber
sprach zu jn: Ich wil euch ein Retzel auffge-
ben/ wenn jr mir das errathet vnd trefft/ die
siebē tag der Hochzeit/ so wil ich euch dreis-
sig Hembde geben/ vnd dreissig Feyrkleider/
köndt jhr mir das nicht errathen/ so solt jhr
mir dreissig Hembd vñ dreissig Feyrkleider
gebē. Vnd sie sprachen zu jm: Gib dein Re-
tzel auff/ laß vnns hören. Er sprach zu jhnen:
Speiß gieng von dem fresser/ vnd süssigkeit
von dem starcken. Vnnd sie kundten jhm in
dreien tagen das Retzel nicht errathen.

Am siebendē tag sprachen sie zu Simsons
Weib: Vberrede deinen Mann/ daß er vns
sage das Retzel/ oder wir werden dich vnd
deines Vatters Hauß mit fewr verbrennē/
habt jr vns hieher geladen/ daß jhr vns arm
mächtet oder nicht? Da weinet Simsons
Weib

Weib für jm/ vñ sprach: Du bist mir gram/ vñ hast mich nicht lieb/ du hast den Kindern meines Volcks ein Retzel auffgeben/ vnd hast mirs nicht gesagt. Er aber sprach zu jr: Sihe ich hab es meinem Vatter vnd meiner Mutter nicht gesagt/ vnnd solt dir es sagen:

Vnd sie weynet die sieben tag für jhm weil sie Hochzeit hatten. Aber am siebenden Tag sagt ers jhr/ denn sie trieb jhn ein/ vnd sie sagt das Retzel jres Volcks Kindern/ Da sprachen die Männer der Stadt zu jm am sibenden tag/ ehe die Sonn vntergieng: Was ist süsser denn Honig? Was ist stercker denn der Löuw? Er aber sprach zu jnen: Wenn jhr nicht hetten mit meinem Kalb gepflügt/ jr hetten mein Retzel nicht troffen/ Vñ der Geyst des Herrn ward fertig vber jm/ vnd gienge hinab gen Aßklon/ vñ schlug dreissig Mann vnter jhn/ vnnd nam jr Gewand/ vñ gab Feyrkleider/ denen die das Retzel errathen hatten/ Vnd ergrim̃et in seinem zorn/ vnnd gieng herauff in seines Vatters

Hauß/Aber Simsons Weib ward einem seiner gesellen geben der jm zugehört.

Wie Papirius seiner Mutter nicht offenbaren wolt was im Rath verhandlet were worden.

Macrobius schreibt/ daß auff ein zeit Papirius noch vast jung mit seinem Vatter war in rath gangen / darinn ward etwas treffliches verhandlet/das solt bey Kopff abhauwen verschwigen bleiben. Als sich aber nuh der rathschlag biß in die nacht verzog/ vnnd langsam zu hauß kommen waren / der Vatter mit dem Sohn/ wards die Mutter wundern / hett gern gewißt / was sie doch so lang gethan / wüscht an das Kindt hin/ von jm zuerfaren den handel/Darauff antwort das Kindt: Es zim̃t sich nicht dir zu wissen/ das gebotten ist heimlich zuhalten/Damit ward die Mutter jhe hefftiger / zwange jhn

zenck/vnd zuletst mit streichen/
ueröffnen. Zuletst da der Jung
der Mutter ein genůgen můßt
e er ein anders/vnd sprach: Es
rn zurath gangen/ welches bes-
n Frauw zwen Mañ hett oder
vey Weiber. Das name die
Ohren/ vnd des morgens früh
ren Nachbawrn für/die mach-
imen/ vnd tratten für die Her-
andels verwunderten sich die
fragten jhr anligen. Da ant-
Es wer besser ein Weib hett
er/ denn ein Mann zwey Wei-
ntsetzten sich die Herren/hiessen
vnnd fragten vmb/ob jemand
ißte? Da sprach Papirius:
Mutter so hart angelegẽ/ daß
en was nehermals im rath ver
worden/da hab ich jhr diese ant-
Vmb dieser Weißheit wegen
nab gelobt/ vnd für vnd für im
/ Aber von der zeit an sunst kei-
seim Vatter in rath gelassen.

EIn ander Exempel von einem Edelmann/der seine Fraw versuchte/als die jung/ vnnd seines willens noch nicht wol bericht war. Auff ein zeit sprach er zu jhr: Mein liebe Haußfrauw / ich wil euch sagen gar ein grosse heimligkeit / so ferr jhr anders niemand nichts daruon sagen wöllet / Ich hab zwey Eier gelegt. Antwort sie / Bey hohem glauben / sie wölt es niemand sagen / Nuh war es spat am tag / da sie des tags nicht mit jrer Geuatter zured kommen mocht / Aber gleich morgen frů gieng sie zu jr vñ sprach: O mein liebe Geuatter ich sagt euch gern ein grosse heimligkeit / wenn jhr solches niemand sagen wölten / Das verhieß sie jhr zuthun. Sprach sie: O hertz liebe Geuatter/ ist es nicht ein wunder/ mein Mañ hat drey Eier gelegt. Heilige Maria / sprach die ander/ wie mag das sein? Das ist ein groß ding/ Also da sie von einander kamen / mocht sich die/ welcher die heymligkeit war gesagt / nit enthalten / sie sagte es einer andern / vnnd sprach/ ein solcher Edelman hat vier eier gelegt/

legt / dieselb sagte es darnach fürbaß einer andern / vñ das der Eier fünff weren / vñ kam also für vñ für / daß der Eier auß zweië fünff wurden / das gantz Land sollicher rede erfüllet warde / vnd dem Edelman von viel Leuthen fürgehalten ward. Also berůfft er sein Fraw vnd viel seiner freunde / vnd sprach zu seinem Weib: Frauw jhr habt mein heymligkeit gar wol verschwigen / das ich euch gesagt / wie ich zwey Eier gelegt hab / denn Gott sey gelobet / die zahl ist seither gar sehr gewachsen / vnnd seind fünffe darauß worden / darbey ich mercke / daß mein heymligkeit wol bey euch verschwiegen ist / Vnnd macht also die Frauw erschrocken vnnd schamhafft / daß sie jhm kein antwort geben kundt / darumb ein jede fromme Frauw die heymligkeit jhres Manns nicht entdecken soll.

Wie Michal Dauids spottet.
2. Regum 6.

VNd es ward dem König Dauid angesagt/ daß der Herr das Hauß ObedEdom segnete/ vñ alles was er hatte/ vmb der Laden Gottes willen/ da gieng er hin vnnd holete die Lade Gottes/ auß dem Hause ObedEdom herauff in die Stadt Dauid mit freuden/ vnnd da sie einher giengen mit der Laden des HERRN sechs geng/ opfferte man ein Ochsen vnd ein fett Schaaff/ Vnd Dauid tantzt mit aller macht für dem Herren her/ vnd war begürtet mit einem leinen Leibrock/ Vnd Dauid sampt dem gantzen Israel führten die Lade des HERREN herauff mit Trometen vnnd Posaunen.

Vnd da die Lade des HERRN in die Stadt Dauid kame/ kucket Michal die Tochter Saul durchs fenster/ vnd sahe den König Dauid springen vñ tantzen für dem Herrn/ vnnd verachtet jn in jrem Hertzen/

Da

Da sie aber die Lade des HERREN hinein brachten/ stelleten sie die an jren ort/ mitten in der Hütten die David für sie hatte auffgeschlagen / Vnnd David opfferte Brandopffer vñ Todtopffer für dem Herren/ vnd da David hatte außgeopffert die Brandopffer vnd Todtopffer/ segnet er das Volck in dem namen des Herrn Zebaoth/ vnd theilet auß allem Volck / vnd der menge Jsrael/ beide Mann vnd Weib/ eim jeglichen ein Brodtkuchen / vnd ein stück Fleisch vnd ein Gemüß/ Da gieng alles Volck hin/ ein jeglicher in sein Hauß.

Da aber David widerkam sein Hauß zusegnen / gieng jm Michal die Tochter Saul herauß entgegen/ vnnd sprach: Wie herrlich ist heute der König von Jsrael gewesen/ der sich vor dē Mägden seiner knecht entblösset hat / wie sich die losen Leuthe entblössen. David aber sprach zu Michal: Jch wil für dem Herrn spilen / der mich erwehlt hat für deinen Vatter/ vñ für all sein Hauß/ daß er mir befohlen hat ein Fürst zu seyn vber das Volck des Herrn vber Jsrael/ vnd wil noch geringer werden denn also/vnd wil nidrig seyn in meine Augen/vnnd mit den Mägdē/dauon du geredt hast/zu ehren werden/Aber Michal Sauls Tochter hett kein Kind biß an den tag jres todts.

Vom Vrtheil Salomon zwischen zweien Huren.

ZV den zeiten des Königs Salomon kamen zwo Huren zum König/vnd tratten für jhn/Vñ das ein Weib sprach: Ach mein Herr/ich vnnd diß Weib wohneten in eim Hauß/vnd ich gelage bey jr im Hauß/vnd vber drey tag da ich geborē hatte/gebare sie auch/vnnd wir waren beyeinander das kein frem̃der mit vns war im Hauß/ohn wir beide/vnnd dises Weibs Sohn starb inn der Nacht/denn sie hett jn im Schlaff ertruckt/vnnd sie stunde in der Nacht auff/vnd nam meinen Sohn von meiner Seiten da dein Magd schlieff/vnd legt jn an jren Arm/vnd ren todten Sohn legt sie an meinen Arm/ vnd da ich des morgens auffstund meinen Sohn zuseugen/ sihe da war er todt/ Aber

am morgen sahe ich jn eben an/ vnnd sihe/ es war nicht mein Son den ich geboren hatte.

Das ander Weib sprach: Nicht also/ mein Son lebet/ vnd dein Son ist todt. Jene aber sprach: Nicht also/ dein Son ist tod/ vnnd mein Sohn lebt/ vnnd redten also für dem König. Vnnd der König sprach: Diese spricht/ Mein Son lebet/ vnd dein Son ist tod: Jene spricht/ Nit also/ dein Son ist tod/

vnd

vnnd mein Sohn lebet. Vnnd der König sprach: Holet mir ein schwerdt her / Vnd da das schwerdt für den König bracht warde / sprach der König: Theil das lebendig Kind in zwey theil / vnd geb dieser die helffte / vnnd jener die helffte.

Da sprach das Weib des Sohn lebete zum König (denn jhr Mütterlich Hertz erbebet vber jhren Sohn) Ach mein Herr gebe jr das Kindt lebendig / vnnd tödtet es nicht. Jene aber sprach: Es seye weder mein noch dein / laß es theilen. Da antwort der König vnd sprach: Gebt dieser das Kind lebendig / vnd tödtet es nicht / die ist sein Mutter. Vnd das vrtheil erschall für dem gantzen Israel / daß der König gefellt hatt / vñ furchten sich vor dem König / denn sie sahen daß die weißheit Gottes in jhm war / Gericht zuhalten.

Von

Von der grossen Huren Herodias. Matth. 14.

HErodes der vier Fürsten einer inn Judea nam Philippo seinem Bruder sein ehelich Weib Herodias genañt/ mit der er ein Tochter gezeugt hat/ wider das Gesetz/ bey lebendigem leib. Zu der zeit predigt Johannes der Täuffer/ vnnd war auch ein wenig wol daran beim Herode/ aber es weret nicht lang/ Denn Johannes fieng an dem Herodi auch zupredigen/ vnnd sprach: Es zimpt dir nit zuhaben das Weib deines Bruders/ Darüber ward Herodias zornig/ stellet jm nach/ vnnd wolt jhn tödten/ aber sie kundt es nicht zuwegen bringen/ Denn Herodes forchte Johannem/ dieweil er wißt sein heiligkeit vnnd gerechtigkeit/ nicht dest minder ließ er jhn verwaren/ thet jm viel/ vnnd hört jn gern. Als aber der Geburts tag Herodis kam/ machet er ein köstlich Mahl den obersten Herren inn Galilea. Vnnd da sie am frö-

frölichsten waren/ trate hinein die Tochter Herodiadis/ vnnd tantzet/ Das gefiel dem König vnd allen beisitzern so wol/ daß Herodes zur Tochter sprach: Begere von mir was du wilt/ so wil ich dirs geben / Vnnd schwure darzu ein Eydt/ auch ob sie schon das halb Reich begeret. Darauff gieng die Tochter zur Mutter/ vñ fragt was sie doch solt begeren? Die antwort/ Johannis des Teuffers Haupt. Bald trate die Tochter wider zum Vatter/ vnd sprach: Jch wil daß du mir bald gebest auff dem Teller Johannis des Teuffers Haupt. Dessen erschrack der König/ vñ ward traurig/ nicht desto weniger wolt er sie nicht betrüben/ auch seinen Eydt halten der Beysitzer halben/ vñ schickt hin den Hencker/ vnnd ließ Johannem enthaupten im Gefencknuß/ Der brachte das Haupt Johannis/ vnnd gab es der Jungfrauwen/ die Jungfraw der Mutter/ Darnach begruben die Jünger Johannis den Cörper.

Weiber zu Rom vergeben jhren Männern.

DIn Sterben war zu Rom so groß vnter den Männern/vnnd nicht vnter den Weibern/ des verwunderten sich die Römer/ vnnd kundten es nit erfaren / was das für ein sach were/vnd von wannen diß Sterben herkem/biß daß ein Magd die sach verrieth/ wie die Weiber jhren Männern gifft zueßsen geben/ Das kame für den Rath/da wurden der Weiber hundert vnnd sibentzig zum tod verurtheilt.

Also liebe Töchter/sey es gnug gesagt von den bösen Weibern auß Göttlichen vñ anderen warhafftigen Historien/euch zu einer vnterweisung das böß zufliehen/ Vnnd wöllen forthin von den frommen sagen/ damit jhr das Gut annemmet/vnd von ersten sagen von der frommen Weiber zierde auß der Epistel Petri.

Von der Weiber zierd vnd gehorsam in gemein.

DJE Weiber sollen vnderthan seyn jren Männern/ auff das so etliche dem Wort nicht glauben/ durch der Weiber guten wandel vnd das Wort gewunnen würden/ vnd bedechten inn forcht den heiligen wandel der Weiber. Jhr zierd soll nicht außwendig seyn inn Harflechten vnd Güldinen zöpffen/ auch nicht in köstlichen kleidern/ deñ der innerlich Mensch ist Geistlich/ vnnd inn der vnzerstörligkeit eines rhůwigen vnnd messigen geists / welcher vor dem Angesicht Gottes allein reich ist. Also haben sich vorzeiten die heiligen Weiber / welche inn Gott geglaubt/ geziert/ vnnd jhren eignen Männern vnterwürfflich gewesen. Also hat Sara jrem Mann gehorcht vñ jren Herrn genannt/ welcher frommen Frawen Töchter billich alle Weiber sollen seyn/ vñ handlen wie weiter von jhr folget.

Von Sarai dem Weib Abrahe.

VNd der HErr sprach zu Abraham: Gehe auß deinem Vatterland/ vnd von deiner freundschafft vñ auß deines Vatters Hauß/ in ein Land/ das ich dir zeigen wil/ vñ ich wil dich zum grossen Volck machen/ vnd wil dich segnen/ vnnd dir einen grossen Namen machen/ vnd solt ein segen seyn/ Ich wil segnen die dich segnen/ vnnd verfluchen die dich verfluchen / vnnd in dir sollen gesegnet werden alle Geschlecht auff Erden.

Da zoch Abram auß/ wie der HErr zu jhm gesagt hatte/ vnd Loth zog mit jhm/ Abram aber war fünff vnnd sibentzig Jar alt/ da er auß Haran zog/ Also nam Abram sein Weib Sarai vñ Loth seines Bruders Son/ mit alle jhrer Haab die sie gewunnen hatten/ vnd Seelen die sie gezeugt hetten in Haran/ vñ zogen auß zureisen in das Land

Canaan/ Vnnd als sie kommen waren inn dasselb Land/ zoch er durch biß an die Stedt Sichem/ vnd an den Hain More/ Denn es wohneten zu der zeit die Cananiter im Land.

Da erschein der Herr Abram/ vnnd sprach: Deinem samen wil ich diß Land geben/ Vnder bawet daselbs dem Herren einen Altar/ der jhm erschienen war/ Darnach brach er auff von dannen an einen Berg/ der lag gegen dem morgen der Stadt Beth El/ vnnd richtet seine Hütten auff/ daß er Beth El gegen dem abend vnnd Ay gegen morgen hatt/ vnd bawet daselbs dem Herrn ein Altar/ vnnd rieff den Namen des Herrn an/ Darnach wich Abram ferner/ vnnd zoch gegen mittag.

Es kam aber ein tewrung in das Land/ da zoch Abram in Egypten/ daß er sich als ein Frembdling daselbs enthielt/ denn die tewrung war schwer im Land/ Vnd da er nahe bey Egypten kam/ sprach er zu seinem Weib Sarai: Sihe ich weiß daß du ein schön weib von Angesicht bist/ wenn dich nuh die Egy-

pter

pter sehen werden/ so werdē sie sagen/das ist sein Weib / vnd werden mich erwürgen/ vn̄ dich behalten / Lieber so sage doch du seiest mein Schwester / auff daß mirs dest baß gehe / vmb deinen willen / vnnd mein Seel bey dem leben bleib vmb deinen willen.

Als er nuh in Egypten kam/sahen die Egypter das Weib daß sie fast schön war / die Fürsten des Pharao sahen sie/ vnnd preißten sie vor jm/ da ward sie in des Pharao Hauß bracht/vnnd gienge Abram wol vmb jhren willen/vnnd er hatte Schaf/ Rinder/Esel/ Knecht vnnd Mägd / Eselin vnd Kamelen.

Aber der Herr plagt den Pharao mit grossen plagen/ vnd sein Hauß/vmb Sarai Abrams Weibs willen / Da rieff Pharao Abram zu sich / vnnd sprach zu jhm: Warvmb hast du mir das gethan? Warumb sagst du mir nit daß dein Weib were? Warvmb sprachst du denn sie were dein Schwester / derhalben ich sie mir zum Weib nam? Vnd nu sihe/da hast du dein Weib/nim̄ sie vnd zeuch hin. Vnnd er befalch seinen Gewaltigen vber jm/daß sie jn geleyteten/vnd sein Weib vnd alles was er hatte.

Vnd der Herr erschein im Hain Mamre/ da er saß an der Thür seiner Hütten/ da der tag am heissesten war/ vnnd als er seine Augen auffhub vnnd sahe/ da stunden drey Männer gegen jm/ Vnd da er sie sahe/lieff er jhn entgegen von der Thür seiner Hütten/ vnnd bücket sich vor jhn nider auff die Erden/vnd sprach: HERR so ich hab gnad funden vor deinen Augen/ so geh nicht vor deinem knecht vber/ Man soll euch ein wenig wassers bringen/ vnd ewer Füß weschen/ vnd legen euch vnter den Baum/ Vnd ich wil euch ein bissen Brodts bringen/ daß jhr ewer Hertz labet/darnach solt jhr fürt gehen/ denn darumb seid jhr zu euwerm Knecht kommen. Sie sprachen: Thu wie du gesagt hast.

Abraham eilet in d e Hütten zu Sara/vnd sprach: Eyle vnnd menge drey maß semmel Meel/vnd knette/vnd back e kuchen/ Er aber lieff zu den Kindern/vnd holet ein

zart

zart gut Kalb vnd gabs dem knaben / der eylet vnd bereits zu / Vnd er trug auff Butter vnnd Milch / vnd von dem Kalbe daß er zubereit hatt / vnd satzts jn für / Vnnd trate für sie vnter den Baum / vnd sie assen.

Da sprachen sie zu jhm: Wo ist dein Weib Sara? Er antwort: Drinnen inn der Hütten: Da sprach er: Vber ein Jar / nach der zeit daß die Frucht leben kan / wil ich wider zu dir kommen / so soll Sara dein Weib einen Sohn haben / Das höret Sara / denn sie stund hinder der Thür der Hütten / vnd sie waren beide / Abraham vnd Sara alt vnnd wol betaget / also daß es Sara nicht mehr gienge nach der Weiber art / darumb lachet sie bey sich selbst / vnd sprach: Nu ich alt bin / sol ich noch mit wollust vmbgehn / vnd mein Herr auch alt ist.

Da sprach der HErr zu Abraham: Warumb lachet deß Sara / vnd spricht / Meinst du / daß war sey / daß ich noch geberen werde / so ich doch alt bin? soll denn dem HErrn solches zuschwer seyn? Zu seiner zeit wil ich wider zu dir kommen / nach der zeit die frucht leben kan/so soll Sara einen Son haben. Da leugnete Sara vnd sprach: Ich hab nicht gelacht/ denn sie forcht sich. Aber er sprach: Es ist nicht also/du hast gelachet.

Abraham aber zoch von dannen ins Land gegen mittag/ vnnd wohnet zwischen Kades vnd Sur/ vnd ward ein frembdling zu Gerar/ vñ sprach von seinem Weib Sara/ es ist mein Schwester/ Da sandte Abimelech der König zu Gerar nach jr/vnd liesse sie holen.

Aber Gott kam zu Abimelech des nachts im traum/ vnd sprach zu jhm: Sihe da/ du bist des todts vmb des Weibs willen/das du genom̃en hast/denn sie ist eins Manns Eheweib. Abimelech aber hatte sie noch nicht berürt/vnd sprach: Herr wilt du denn auch ein gerecht Volck erwürgen? Hat er nicht zu mir gesagt/sie ist mein Schwester/ vnnd sie hat auch gesagt/er ist mein Bruder? Hab ich doch das gethan mit einfeltigem Hertzen/vnd vnschuldigen henden.

Vnd Gott sprach zu jm im traum: Ich

weyß

weyß auch / daß du mit einfeltigem Hertzen das gethan hast / darumb hab ich dich auch auffgehalten / daß du nicht wider mich sündigest / vnd hab dir nicht zugeben / daß du sie betastest / So gib nuh dem Mann sein Weib wider / denn er ist ein Prophet / vnnd laß jhn für dich bitten / so wirst du lebendig bleiben / woh du aber sie nicht wider gibst / so wisse / daß du des tods sterben must / vnd alles was dein ist.

Da stund Abimelech des morgens früh auff / vnnd rieff allen seinen Knechten / vnnd sagt jn dieses alles für jren Ohren / vnd die Leuth forchten sich sehr / Vnnd Abimelech rieff Abraham auch / vnd sprach zu jm: Warumb hast du vns das gethan / vnd was hab ich an dir gesündiget / daß du so ein grosse Sünd woltest auff mich vnnd mein Reich bringen / du hast mit vns gehandlet nicht wie man handlen soll / Vnnd Abimelech sprach weiter zu Abraham: Was hast du angesehen / daß du solches gethan hast?

Abraham sprach: Ich dacht viellelcht ist

kein Gottesforcht an diesen orten / vnd werden mich vmb meines Weibs willen erwürgen/ Auch ist sie warhafftig mein Schwester / denn sie ist meins Vatters Tochter/ aber nicht meiner Mutter Tochter / vnnd ist mein Weib worden/ Da mich aber Gott auß meines Vatters Hauß wandlen hieß/ sprach ich zu jhr: Die barmhertzigkeit thu an mir / daß wo wir hin kom̃en / du von mir sagest/ ich sey dein Bruder.

Da nam Abimelech Schaf vnd Rinder/ Knecht vnd Mägd/ vnnd gab sie Abraham/ vnnd gab jm wider sein Weib Sara/ vnnd sprach: Sihe da/ mein Land stehet dir offen / wohne wo dirs wol gefellet / Vnnd sprach zu Sara : Sihe da / ich habe deinem Bruder tausent Silberling geben/ Sihe/ er soll dir ein deckel der Augen seyn/ vor allen die bey dir seind/ vnnd allenthalben/ vnd ein verantworter.

Abraham aber bettet zu Gott/ da heylet Gott Abimelech vnd sein Weib / vnd seine Mägd/ daß sie Kinder gebaren / denn der Herr hatt zuuor hart verschlossen alle Mütter des Hauß Abimelech/vmb Sara Abrahams Weibs willen.

Von Rebecca Isaacs Weib.

ABraham vnd Sarai gebaren Isaac nach der verheissung/ der ward alt viertzig jar/ vnnd nam zu einem Weib Rebeccam ein Tochter Bathuels vñ schwester Labān. Aber sie war vnfruchtbar/ drumb bettet für sie zu Gott Isaac/ vnd er ward erhöret/ vnd Gott gab Rebecca frucht/ zween Zwilling/ die hatten kein rhu in jrem Leib/ Des sprach die gut Rebecca: Soll mirs stets also gehn/ so hett ich wol nit mögen schwanger seyn/ Gieng derhalben auß den Herren darůber zufragen/ darauff ward jhr diser bescheid: Es wird zweierley Volcks auß deinē Leibe kommē/ da wird eins das ander vbermögen/ vnd der grösser wird dem mindern dienen. Als nuh die zeit kame der geburt/ da gebar Rebecca zwen Zwilling / Esau vnd Jacob / etc.

Dieweil dise Rebecca also Gott glaubet / darumb behielt er sie auch für schande vnnd laster / als sie Abimelech der Palestiner König fordert / Genes. 25.

Von Lia vnd Rachel Jacobs Weibern.

LAban hatt zwo Töchter / Lia vnd Rachel / Lia schilcht / aber Rachel war vberauß schön / deßhalben gefiel sie auch dẽ Jacob so wol / doch warde sie jm nicht von erstẽ zum Weib / sonder die Lia aber hernach / da er auch sieben jar vmb sie gedient / ward sie jm auch / Da leget er alle lieb auff sie / vñ ließ Liam fahren / Das kundt Gott nicht leiden vnd gab der Lia vier Söhn nach einander / darumb sie denn Gott allezeit dancket / Aber Rachel bliebe vnfruchtbar / Doch gebare Rachel Joseph / vnnd an Ben Jamin starb sie.

sie. Also liebe Töchter straffet Gott noch wol viel Weiber auff erdtrich/die nur vmb jres prachts vnd erbs willen kinder geberen/ vnd wenn sie die vberkommen/so dancken sie Gott nicht darumb/vnnd vber dasselbig / so ziehen sie die auff in allem mutwill / biß sie hindennach gar im mutwillen verharren/ vnd den Elteren nicht mehr gehorchen/darvmb sie hindennach wolten / sie weren für den Teuffel hinweg/Darauff höret ein Exempel.

Wie ein Mann vnnd sein Weib in zorn dem Teuffel jr Kind geben/vnd der Teuffel kam/es ergreiff/vnd wolts hinweg tragen.

ES wart auff ein zeit zwey Eheleuth in einer Stadt / die beide gar leichtlich erzürnet/vnd gar offt gegen einander in vneinigkeit bewegt wurden/ Die hetten einen jungen Knaben der ein thorheit hatt begangen/ dem

dem huben sie an zufluchen so sehr daß das Kindt zornig ward/ vnd jnen thörliche antwort gab/dermassen daß Vatter vnd Mutter so sehr vber es erzürnt wurden/ daß sie es

in jrem zorn dem Teuffel ergaben/ der kam auff das/ vnnd fasset es bey seinen Armen/ vnd warffe es zu der Erden/ vnnd wo er es begriffe/ fienge es an so sehr zubrennen/ daß es seine Arm vnd Hende verlor/ Darumb es gar sörglich ist Kindern zufluchen/ oder dem Teuffel zuergeben/ sonder ein gut Exempel wie man sie vnterweisen/ vnnd Gott für sie bitten soll.

Von der Tochter Pharaonis/wie die Mosen auß dem Wasser bracht/vnnd aufferzog.

ZV den zeiten kam auff ein newer König vber Egypten/ der wuste nichts von Joseph/ vnnd sprach zu seinem Volck: Sihe/ das Volck der Kinder Jsrael ist viel vnnd mechtiger denn wir/wolauff laßt vns weißlich mit jhn vmbgehen daß jhr nicht so viel werden/ vnd wo sich ein Krieg wider vns erhübe/ möchten sie sich auch zu vnsern Feinden schlahen/vnd vns vberwinden/ vnd zum Landt außziehen.

Vnd er setzet Fronvögt vber sie/die sie mit Lasten schwechten/ Denn man bauwete dem Pharao die Stedt Pithon vnd Raemses zu Schatzheusern/ Aber je mehr sie das Volck schwechten/ jhe mehr es sich mehret vnd außbreitet/Darumb waren sie den Kindern Jsrael gram/ vnd die Egypter zwungen

gen die Kinder Israel zudienẽ mit vnbarm-
hertzigkeit / vnnd machten jn jhr leben sawr/
mit schwerer arbeit an Thon vñ Zigeln/ vñ
mit allerley fronen auff dem Feld/ vnnd mit
allerley arbeit die sie jnen aufflegten mit vn-
barmhertzigkeit.

Vnd der König zu Egypten sprach zu
den Wehemüttern der Ebreischen Wei-
ber / deren eine hieß Siphra/ vnd die ander
Pua: Wenn jhr den Ebreischen Weibern
helfft/ vnnd auff dem Stul sehet daß es ein
Son ist/ so tödtet jn/ ist es aber ein Tochter/
so laßt sie leben. Aber die Wehmütter förch-
ten Gott/ vnnd theten es nicht / wie der Kö-
nig zu Egypten jhn gesagt hatte/ sonder
liessen die Kinder leben.

Da rieff der König von Egypten den
Wehmüttern/ vnd sprach zu jhnen: War-
vmb thut jhr das / daß jhr die Kinder leben
laßt? Die Wehemütter antwortẽ Pharao:
Die Ebreischen Weiber seind nicht wie die
Egyptischen / denn sie seind harte Weiber/
ehe die Wehemutter zu jn kompt / haben sie
geboren/ Darum̃ thet Gott den Wehemüt-

tern

tern guts. Vnd das Volck mehret sich/vnd ward sehr mechtig. Vnnd weil die Wehemütter Gott forchten/macht er jnen heuser.

Da gebot Pharao allem seinem Volck vnd sprach: Alle Söhn die geboren werden/ werfft ins wasser/vnnd alle Töchter laßt leben.

Vnd es gieng hin ein Mann vom Hauß Leui/vnd nam ein Tochter Leui/vnnd das Weib ward schwanger/vnd gebar auch einen Son/da sie sahe daß ein fein Kind war/ verbarg sie jhn drey Monat/Vnd da sie jn nit lenger verbergen kund/nam sie ein kasten von rohr vñ verkleibet jn mit thon vnd pech/ vnd leget das Kindt darein/vnd legt jhn an ein schilff am Vfer des Wassers/aber seine schwester stunde von ferne/daß sie erfahren wolt/wie es jm gehen würde.

Vnd die Tochter Pharao kam hernider/ daß sie badet im Wasser/vñ jre Jungfrawē giengen an dem rand des wassers/vnd da sie den kasten im schilff sahe/sandte sie jre magd hin vñ ließ jn holē/Vñ da sie jn auffthet/sahe sie das Kind/vñ sihe/das Knäblin weinet/

da jam̃ert es sie/ vñ sprach: Es ist der Ebreischen Kindlin eins.

Da sprach sein Schwester zu der Tochter Pharao: Soll ich hingehen/ vnd der Ebreischen Weiber eine ruffen/ die da seuget/ daß sie das Kindlin seuge? Die Tochter Pharao sprach zu jr: Gehe hin. Die Jungfraw gienge hin vnd rieffe des Kinds Mutter. Da sprach Pharao Tochter zu jr: Nim̃ hin das Kindlin vnd seuge mirs/ ich wil dir lohnen/ Das Weib name das Kind vnd seuget es.

Vnd da das Kind groß war worden/ bracht sie es der Tochter Pharao/ vnnd es war jhr Sohn/ vnnd hieß jn Mose/ denn sie sprach: Jch habe jn auß dem wasser zogen.

Von Rahab der Huren in Jericho/ wie die der Kinder Jsrael Außspeher daruon bracht.

JOsua der Sohn Nun hatte zween Kundschaffter heimlich außgesandt von Setim/ vnnd jhn gesagt: Gehet hin/ besehet das

das Land von Jeriho/ Die giengen hin vñ kamen in das Hauß einer Huren/ die hieß Rahab/ vnnd lagen daselbs/ Da ward dem König zu Jeriho gesagt: Sihe/ es seind in dieser nacht Männer herein kommen von den Kindern-Jsrael/ das Land zuerforschen/ Da sandt der König zu Jeriho zu Rahab/ vnd ließ jhr sagen: Gib die Männer herauß die zu dir in dein Hauß komen seind/ Deñ sie seind komen das gantze Landt zuerforschen.

Aber das Weib verbarg die zween Männer/ vnd sprach: Es seind ja Männer zu mir herein kommen/ aber ich wuste nicht von wannen sie waren/ Vnnd da man die Thor wolt zuschliessen/ da es finster war/ giengen sie hinauß/ daß ich nicht weiß wo sie hin gangen seind/ jaget jn eilend nach/ denn jr werdet sie ergreiffen/ Sie aber ließ sie auff das Tach steigen/ vnnd verdeckte sie vnter die flachs stengel/ den sie jhr auff dem Tach zubereit hatte. Aber die Männer jagten jn nach auff dem weg zum Jordan biß an die Furt/ vnnd man schloß das Thor zu/ da die hinauß waren die jn nachjagten.

Vnd ehe denn sich die Männer schlaf-
fen legten / steig sie zu jhn hinauff auffs
Tach/ vnd sprach zu jhn: ich weiß daß euch
der Herr diß Land geben wird / denn euwer
schrecken ist vber vns gefallen/ vnd alle Ein-
woner des Lands seind vor euwer zukunfft
feyg worden / Denn wir haben gehört/ wie
der Herr hat das Wasser im Schilffmeer
außgetrucknet für euch her / da jr auß Egy-
pten zoget. Vñ was jr den zweien Königen
der Amoriter Sihon vnd Og jhenseit dem
Jordan gethan habt / wie jhr sie verbannet
habt. Vnd seit wir solchs gehört haben/ ist
vnser Hertz verzagt / vnd ist kein auffgerich-
ter muth mehr in jemand für ewer zukunfft.
Denn der Herr ewer Gott ist ein Gott bei-
de oben im Himel vnd vnden auff Erden.

So schweret mir nuh bey dem Her-
ren/ das / weil ich euch Barmhertzigkeit ge-
than habe/ daß jhr auch an meines Vatters
Hauß barmhertzigkeit thut/ vñ gebt mir ein
wortzeichen/ daß jr leben lasset meinen Vat-
ter/ mein Mutter/ meine Brüder/ vnd mei-
ne Schwester/ vnd alles was sie haben/ vnd

r Seelen von dem Todt. Die
rachen zu jhr: Thun wir nicht
gkeit vnd trew an dir/wenn vns
s Landt gibt / so sol vnser Seel
Tods seyn/ so ferr du vnser ge-
verrhatest.
ß sie dieselben am Seil durchs
ider/denn jr Hauß ware an der
ren / vnd sie wohnet auch auff
i/vnd sie sprach zu jhnen: Gehet
ebirg / daß euch nicht begegnen
jagen / vnnd verbergt euch da
iß das die wider komen/die euch
darnach gehet ewer straß.
Männer aber sprachen zu jr: Wir
des Eyds loß seyn / den du von
nen hast/ wenn wir kommen ins
u nicht die schnur dieses Rosin-
els in das Fenster knüpffest / da-
hernider gelassen hast / vnnd zu
ß versamlest dein Vatter/ dein
ne Brüder/vnd deines Vatters
/ vnnd wer zu der Thür deines
uß gehet / des Blut sey auff sei-

nem Haupt/vnd wir vnschuldig. Aber aller die in deinem Hauß seind/so ein Hand an sie gelegt wird / so sol jhr Blut auff vnserm Haupt seyn. Vnd so du etwas von diesem vnserm geschefft wirst nachsagen/ so wöllen wir diß Eyds loß seyn/ dē du vō vns genommen hast. Sie sprach: Es sey wie jr sagt/vñ ließ sie gehen/Vnnd sie giengen hin/vnd sie knüpffet die rosinfarbe Schnur ins fenster.

Sie aber giengen hin vnd kamen auffs gebirg / vnd blieben drey tag da/biß daß die wider kamen/die jn nachjagten/denn sie hatten sie gesucht auff allen strassen/ vnnd doch nicht funden. Also kerten die zwen Männer wider/vnd giengen vom gebirg/ vnd fuhren vber/vnd kamen zu Josua dem Sohn Nun/ vnd erzeleten jm alles wie sie es funden hatten / vnd sprachen zu Josua: Der Herr hat vns alles Land in vnser Hend geben. Auch so seind alle einwoner des Landts feyg für vns.

Jeriho aber ward verschlossen vnnd verwaret vmb der Kinder Jsrael willen/ daß niemand auß oder einkomen kund. Aber der Herr sprach zu Josua: Sihe da/ Ich hab Jeriho sampt irem Könige vñ Kriegßleutẽ in deine hand geben/ laß alle Kriegßmänner rings vmb die Stadt hergehen ein mal/ vnd thu sechs Tag also. Am siebenden Tag aber laß die Priester sieben Posaunen des hall Jars nemen für der Laden her/ vñ gehet desselben siebenden Tags sieben mal vmb die Stadt/vnd laß die Priester die Posaunen blasen. Vnd weñ man daß hall jars Horn bleßt vnd dönt/ daß jhr die Posaunen höret/so sol das gantze Volck ein groß feldtgeschrey machen/so werden der Stattmauren zerfallen/ vnd das Volck sol hinein fallen/ein jeglicher stracks für sich.

Da rieff Josua der Sohn Nun den Priestern/ vnd sprach zu jnen: tragt die Lade des Bundts/ vnd sieben Priester laßt sieben hall jars Posaunen tragen für der Lade des Herrn. Zum Volck aber sprach er: Ziehet hin/ vñ gehet vmb die Statt/ vñ wer gerüst ist/gehe für der Lade des Herrn hin. Da Josua solchs dem Volck gesagt hatte/ trugen die sieben Priester sieben hall jars Posaunen für der Lade des HERrn her / vnnd giengen vnd bliesen die Posaunen / vnd die Lade des Bunds des Herrn folgt jhn nach / vnnd wer gerüst war / gieng für den Priestern her / die die Posaunen bliesen / vnd der hauff folgte der Laden nach / vnd bliesen Posaunen. Josua aber gebot dem Volck vnnd sprach: Jhr solt kein Feldtgeschrey machen / noch ewer stim̃ hören lassen / noch kein wort auß euwerm Mund geben biß auff den tag wenn ich zu euch sagen werde / Macht ein Feldtgeschrey / so machet denn ein Feldtgeschrey. Also gieng die Lade des Herrn rings vmb die Stadt ein mal / vnnd kamen in das Läger / vnd blieben drinnen / Denn Josua pflegete sich des morgens früh auffzumachen / vnd die Priester trugen die Lade des Herrn / so trugen die sieben Priester die siebẽ hall jars Posaunen für der Laden des Herren her / vnnd der hauff folgt der Laden des Herrn / vnd bließ Posaunen. Des andern Tags giengen sie auch ein mal vmb die Stadt / vnd kamen wider ins Läger / Also theten sie sechs Tag.

Am

Am siebenden Tag aber/ da die Morgenröte auffgieng/ machten sie sich frů auff/ vnd giengen nach derselben weise siebenmal vmb die Stadt/ da sie desselben einigen tags sieben mal vmb die Stadt kamen / vnd am siebenden mal da die Priester die Posaunen bliesen/ sprach Josua zum Volck: Macht ein Feldtgeschrey/ denn der HErr hat euch die Stadt geben. Aber diese Stadt vñ alles was drinn ist/ sol dem Herrn verbannt seyn/ allein die Hur Rahab soll leben bleiben/ vnd alle die mit jhr im Hauß seind/ denn sie hat die Botten verborgen die wir außsandten. Allein hůten euch für den verbannten/ daß jr euch nicht verbannet/ so jr des verbannten etwas nem̃et/ vnd machet das Läger Jsrael verbannet/ vnd bringts zu vnglůck. Aber alles Silber vnd Goldt sampt dem Ehrin vñ Eisen gereth/ sol dem Herrn geheiliget seyn/ daß es zu des Herrn Schatz komme.

Da macht das Volck ein Feldtgeschrey/ vnd bliesen Posaunen / denn als das Volck den hall der Posaunen höret / machtens ein groß Feldtgeschrey/ vñ die Mawren fielen/

vnnd das Volck ersteig die Stadt/ein jeglicher stracks für sich. Also gewonnen sie die Stadt/ vnnd verbañten alles was in der Stadt war/mit der scherpffe des schwerdts/ von Mann vnnd Weib / jung vnnd alten/ Ochsen/Schaaff vnd Esel.

Aber Josua sprach zu den zwen Männern die das Landt verkundtschafft hatten: Gehet in das Hauß der Huren/vnd führet das Weib von dannen herauß mit allem das sie hat/ wie jhr jr geschworen habt/ Da giengen die jüngling die kundtschaffter hinein / vnnd führeten Rahab herauß / sampt jhrem Vatter vnd Mutter/vnd Brüdern/ alles was sie hatt/ vnd alle jr geschlecht/ vnd liessen sie haussen ausser dem Läger Israel.

Aber die Stadt verbrandten sie mit Feuwr/ vnnd alles was drinnen war / allein das Silber vnd Gold vnd eheren vnd eisen gereth theten sie zum schatz in das Hauß des Herrn. Rahab aber die Hure sampt dem Hauß jres Vatters/ vnd alles was sie hatte/ ließ Josua leben / vnd sie wohnet in Israel biß auff diesen tag / darumb daß sie die

Botten

Botten verborgen hatte/ die Josua zuver-kundschafften gesandt hatt gen Jeriho. Zu der zeit schwur Josua/ vnd sprach: verflucht sey der Mann für dem Herrē / der die Stadt Jeriho auffrichtet vnd bawet/ wenn er jren grund legt / das kost seinen ersten Son/vnd weñ er jr thor setzt/ das kost jn seinē jüngsten Sohn. Also war der Herr mit Josua/ daß man von jhm sagte in allen Landen.

Von Simsons Vatter vnd Mutter. Judic. 13.

ES war aber ein Mann zu Zarga von eim geschlecht der Daniter/ mit namen Manoah/ vñ sein Weib war vnfruchtbar vnd gebar nichts/ Vnd der Engel des Herren erschein dem Weib vnnd sprach zu jr: Sihe du bist vnfruchtbar vñ gebirst nichts/ aber du wirst schwanger werden vnd einen Sohn geberen/ So hüte dich nuh / daß du nicht Wein noch starck getranck trinckest/ vnd nichts vnreynes essest / Denn du wirst schwanger werden vnnd einen Sohn geberen/So hüt dich nu/daß du nicht wein noch starck geträncк trinckest/ vñ nichts vnreines essest/Denn du wirst schwanger werden vnd einen Sohn geberen/ dem kein Schermesser soll auff das Haupt komen/ deñ der knab wird ein Nasir GOttes seyn von Mutterleib/ vnd er wirdt anfahen Jsrael zuerlösen auß der Philister Hand.

Da kam das Weib/ vnd sagts jhrem Mañ/vñ sprach: Es kam ein Mañ Gottes zu mir/ vnd sein gestalt war anzusehen wie ein Engel Gottes fast erschröcklich/daß ich jhn nicht fragt woher oder wohin / Vnd er sagt mir nicht wie er hieß/Er sprach aber zu mir: Sihe du wirst schwanger werden vnd einen Sohn geberen/ So trincke nuh kein Wein noch starck geträncк/ vnnd iß nichts vnreins/deñ der knab sol ein Nasir Gottes seyn von Mutter leib an biß in seinen todt.

Da bate Manoah den Herrn/vñ sprach: Ach Herr laß den Mann Gottes wider zu vns komen den du gesandt hast/ daß er vns lehre/was wir mit dem Knaben thun sollen/ der geborn soll werden. Vnd Gott hört die

stimme

stimme Manoah / vnd der Engel Gottes kam wider zum Weib / sie saß aber auff dem Feld / vnd jr Mann Manoah war nicht bey jr: Da lieff sie eilend vnd sagts jrem Mann auch / vnd sprach zu jhm: Sihe der Mann ist mir erschienen der heut zu mir kame.

Manoah machet sich auff / vnd gieng seinem Weib nach / vnd kame zu dem Mañ / vnd sprach zu jhm: Bist du der Mann / der mit dem Weib geredt hat? Er sprach / Ja. Vnd Manoah sprach: Wenn nu kommen wirdt was du geredt hast / welches soll des Knaben weise vnd werck seyn? Der Engel des Herrn sprach zu Manoah: Er soll sich hüten für allem das ich dem Weib gesagt habe / Er sol nichts essen das auß dem Weinstock kompt / vnd soll kein Wein noch starcke getrâncke trincken / vnnd nichts vnreins essen / alles was ich jhr gebotten habe / soll er halten.

Manoah sprach zum Engel des Herren: Laß dich hie behalten / wir wöllen dir ein Zigenböcklin zurichten. Aber der Engel des Herrn antwort Manoah: Wenn du gleich

mich

mich behieltest/so esse ich doch deines Brods nicht/Wilt du aber ein Brandopffer thun/ so magstu es opffern/ Denn Manoah wuste nicht daß ein Engel des Herrn ware/ Und Manoah sprach zum Engel des Herren: Wie heissest du/ daß wir dich preisen/ wenn nu kompt/was du geredet hast? Aber der Engel des Herren sprach zu jm: Warumb fragest du nach meinem Namen/ der doch wundersam ist.

Da name Manoah ein Zigenböcklin vnnd Speißopffer/vnnd legts auff ein Felß dem HERRN/ daß der wundersam selbs thet/Manoah aber vnd sein Weib sahen zu/ Und da die lohe auff fuhr vom Altar ghen Himmel/ fuhr der Engel des Herrn in der lohe des Altars hinauff. Da das Manoah vnd sein Weib sahe/fielen sie zur Erden auff jhr angesicht. Und der Engel des Herren erschein nicht mehr Manoah vnnd seinem Weib. Da erkañte Manoah daß es ein Engel des Herrn war/ vnnd sprach zu seinem Weib: Wir müssen des Todts sterben/ daß wir Gott gesehen haben. Aber sein Weib antwortet jhm: Wenn der Herr lust hette vns zutödtē/ so hett er das Brandopffer vñ Speißopffer nicht genommen von vnsern Henden/ er hette vns auch nicht sollichs alles erzeigt/ noch vns sollichs hören lassen/ wie jetzt geschehen ist.

Vnnd das Weib gebar einen Sohn/ vnd hieß jn Simson/ vnd der Knab nam zu/ vnd der Herr segenet jhn/ vnd der Geist des Herren fienge an mit zuseyn im Heer Dan zwischen Zarga vnd Esthaol.

Also sollen alle Weiber jhre Männer stercken im glauben/ Gott dancken vnd loben/ auch sich hüten vor fressen vnd sauffen wenn sie schwanger seind/ vnnd im Kindtbeth ligen.

Von der Haußfrauwen Nabals Abigail. 1. Reg. 25.

VND Samuel starb/ vnnd das gantze Jsrael versamlet sich/ trugen leyd vmb jn/ vnd begruben jn in seim Hauß zu Rama. Dauid aber macht sich auff/ vnd zoge hinab

hinab in die Wüste Paran. Vnd es war ein Mann zu Maon/ vnd sein wesen zu Carmel/ vnd der Mann war vast groß vermögens/ vnd hatte drey tausent Schaaff vnnd tausent Ziegen/ Vñ begab sich eben daß er seine Schaaff beschur zu Carmel/ vñ er hieß Nabal/ vñ sein weib Abigail/ vñ war ein Weib guter Vernunfft/ vnd schön von Angesicht/ Der Mann aber war hart vnnd boßhafftig in seinem thun/ vnd war einer von Caleb.

Da nuh David in der Wüsten höret daß Nabal seine Schaaff beschur/ sandte er auß zehen Jüngling/ vnd sprach zu jhnen: Gehet hinauff ghen Carmel/ vnd weñ jr zu Nabal kompt/ so grüßt jhn von meinet wegen freundtlich/ vnd sprecht: Glück zu/ fried sey mit dir vnnd deinem Hauß/ vnd mit allem dem das du hast/ Ich hab gehört daß du Schaaffscherer hast/ Nuh deine Hirten die du hast seind mit vns gewesen/ wir haben sie nit verhönet/ vnd hat jn nichts gefehlet an der zal/ so lang sie zu Carmel gewesen seind/ Frage deine jüngling darum̃/ die werden dirs sagen/ vnnd laß die jüngling gnad

finden

finden für dein augen/ Denn wir seind auff ein guten tag komen / gib dein Knechten vnd deinem Son Dauid was dein hand findet.

Vnd da die jüngling Dauids hinkamen/ vnd von Dauids wegen alle diese wort mit Nabal geredt hatten/ hörten sie auff. Aber Nabal antwortet den Knechten Dauid/ vnd sprach: Wer ist der Dauid? vnd wer ist der Sohn Isai? Es werden jetzt der Knecht viel die sich von jren Herren reissen / Solte ich mein Brodt / Wasser vnd Fleisch nemmen / daß ich für meine Scherer geschlachtet hab/ vnd den Leuthen geben/ die ich nicht kenne wo sie her seind.

Da kerten sich die jüngling Dauids widerumb auff jhren weg/ vnd da sie wider zu jm kamen/ sagten sie jm solches alles/ Da sprach Dauid zu sein Männern: Gürte ein jeglicher sein schwerd vmb sich/ Vñ ein jeglicher gürtet sein Schwerdt vmb sich/ vnnd Dauid gürtet sein schwerdt auch vmb sich/ vnd zogen jm nach hinauff bey 400. Mann/ aber zwey hundert blieben bey dem gerethe.

Aber der Abigail Nabals Weib saget an einer

an einer der jüngling / vnnd sprach: Sihe David hatt Botten gesandt auß der Wüsten vnsern Herrn zusegnen / Er aber schawet sie an / vnnd sie seind vns doch sehr nütze Leuth gewesen / vnnd haben vns nicht verhönet / vnd hat vns nichts gefehlt an der zal / so lang wir bey jn gewandelt haben / wenn wir auff dem Felde waren / sondern seind vnsere Mawren gewesen Tag vnd Nacht / so lang wir der Schaaff bey jhn gehütet haben / So merck nu vnd sihe was du thust / denn es ist gewiß ein vnglück vorhanden vber vnsern Herren / vnd vber sein gantzes Hauß / Vnd er ist ein Belial Mann / dem niemand das sagen darff.

Da eilet Abigail / vnd nam zwey hundert Brot / vnd zwey legel Weins / vnd fünff gekochte Schaaff / vnd fünff schöffel Mehl / vnd hundert stück Rosin / vnd zwey hundert Feigen / vnnd luds auff Esel / vnd sprach zu jren jünglingen: Gehet für mir hin / sihe ich wil hernach kommen / Vnnd sie sagt jhrem Mann Nabal nichts daruon / Vnnd als sie auff dem Esel ritt / vnd hinab zog im tunckel

des

des Bergs/ sihe da begegnet jhr David vnd seine Männer hinab/ daß sie auff sie stieß.

David aber hatte geredt: Wolan ich hab vmbsunst behütet alles das dieser hatt in der Wüsten/ daß nicht gefehlet hat an allem was er hat/ vnd er bezalet mir guts mit bösem/ Gott thue diß vnnd noch mehr den Feinden Davids/ wo ich diesem biß liecht morgen vberlasse einen der an die Wande pisset/ auß allem das er hat.

Da Abigail David sahe/ steig sie eilend vom Esel/ vnnd fiel für David auff jhr Angesicht/ vnnd bettet jn an zur erden/ vnd fiel zu seinen Füssen vñ sprach: Ach mein Herr/ mein sey diese missethat/ vñ laß deine Magd reden für deinen Ohren/ vnnd höre die wort deiner Magd/ Mein Herr setze nicht sein Hertz wider diesen Nabal den Mann Belial/ deñ er ist ein Narr/ wie sein name heißt/ vnd narrheit ist bey jm/ Jch aber dein magd hab die jüngling meines Herren nicht gesehen/ die du gesandt hast.

Nu aber mein Herr/ so wahr der Herr lebt/ vnnd so wahr dein Seel lebt/ der Herr

hat dich verhindert/ daß du nicht kämest wi-
ders blut/ vnnd hat dir deine Hand erlöset/
So müssen nuh werden wie Nabal deine
Feind/ vnd die meinem Herren vbel wöllen/
Hie ist der segen/ den deine Magd meinem
Herren herbracht hat/ den gib den jünglin-
gen die vnter meinē Herren wandlen/ Ver-
gibe deiner Magd die vbertrettung/ deñ der
Herr wird meinem Herrn ein sicher Hauß
machen/ Denn du führest des Herrn krieg/
vnnd kein böses soll an dir gefunden werden
dein lebenlang.

Vnnd wenn sich ein Mensch erheben
wird/ dich zuverfolgen/ vnnd nach deiner
Seel steht/ so wird die Seel meines Herren
eingebunden seyn in bündlin der Lebendigen/
bey dem Herrn deinem Gott/ Aber die Seel
deiner Feind wird geschleudert werden mit
der schleuder/ Wenn denn der Herr alle das
gut meinem Herren thun wirdt/ das er dir
geredt hat/ vnd gebieten daß du ein Hertzog
seiest vber Israel/ so wird dem Hertzē meins
Herrn nicht ein stoß noch ergernuß seyn/ daß
du nicht Blut vergossen hast on vrsach/ vnd

dir

dir selber geholffen/so wirdt der Herr meinem Herren wolthun/ vnnd wirst an deine Magd gedencken.

Da sprach Dauid zu Abigail: Gelobt sey der Herr Gott Jsrael/ der dich heuts tags hat mir entgegen gesandt/ vñ gelobt sey dein Geberd/ vnnd gelobt seiest du/ daß du mir heut erwehret hast/ daß ich nicht wider Blut kommen bin/ vnnd mich mit eygener Hand erlöset hab: Warlich so war der Herr Gott Jsrael lebet/ der mich verhindert hat/ daß ich nicht vbel an dir thet/ werestu nicht eilend mir begegnet / so were dem Nabal nicht vberblieben auff diesen liechten morgē/ einer der an die Wandt pisset. Also nam Dauid von jhrer Hand was sie jhm bracht hatte/ vnd sprach zu jhr: Zeuch mit frieden hinauff in dein Hauß/ Sihe ich hab deiner stimme gehorcht/ vnnd dein Person angenommen.

Da aber Abigail zu Nabal kam/ sihe da hatt er ein Mahl zugericht in seinē Hauß wie eins Königs Mahl/ vnd sein Hertz war guter ding an jm selbs/ deñ er war sehr truncken / Sie aber sagt jhm nichts / weder klein noch groß / biß an den liechten morgen. Da es aber morgen ward / vnnd der Wein von Nabal kommen war / sagt jhm sein Weib solchs / da starb sein Hertz in seinem leib / daß er warde wie ein Stein / vnd vber zehen tag schlug jhn der Herr daß er starb. Da das Dauid höret / daß Nabal todt wär / sprach er: Gelobt sey der Herr / der meine schmach gerochen hat an dē Nabal / vnd seinen knecht enthalten hat für dem vbel / Vnnd der Herr hat dem Nabal das vbel auff seinen Kopff vergolten.

Vnnd Dauid sandte hin vnnd ließ mit Abigail reden / daß er sie zum Weib neme / Vnnd da die knecht Dauid zu Abigail kamen gen Carmel / redten sie mit jr vnd sprachen: Dauid hat vns zu dir gesandt / daß er dich zum Weib neme. Sie stund auff / vnnd bettet an auff jrem Angesicht zur erden / vnd sprach: Sihe hie ist deine Magd / daß sie diene den knechten meines Herren / vnd jhr Füß wesche. Vnd Abigail eilet vnnd macht sich auff / vnnd ritt auff dem Esel / vnd fünff Dirnen

nen die vnter jhr waren/vnnd zoch den Botten Davids nach/vnd warde sein Weib.

Von eins Alten Römers Frauw/ wie die gegen einem andern Römer kempffte/vnd den Sieg erobert.

IR solt auch wissen ein Exempel von eines alten Römers Frauwē nach außweisung der Chronicken/ derselb Römer war gar eifferig vnd vngeschlacht gegen jhr/ doch on schuld jrenthalben. Es begab sich daß er hatt einen kampff versprochẽ mit einem andern/ Nuh war er gar verzagt/ vnnd ward kranck/ daß er auff den versprochnen tag nit kommen mocht/ vnd hatt niemand der von seinet wegen den kampff thun wolt/ derhalben er zu grossen sorgen vnd schanden kommen were. Da das sein Haußfrauw vernam/ daß jr Mann zu schanden kom̃en solt/ gieng sie inn jhr Kammer/ wapnet sich/ saß auff ein Pferdt/ verwandlet jhr Angesicht/ daß sie niemand erkennen mocht/ vnnd kame auff den Platz zukempffen mit jhres Manns widertheil/ Auff das sahe Gott an jhre güte/ daß sie solchs vmb Gottes willen thet/ vnnd jrem Mann guts vmb vbels gab/ vnd gab jr gnad/ daß sie den sieg vnd die sach jres Manns erobert wol vnd ehrlich/ Vnd als auff dieselb eroberung der vertrag vnnd richtung ward gemacht/ wolt der Keyser je wissen/ wer des Römers kempffer gewesen wer/ deßhalb sie entwapnet vnnd offenbar ward/ daß es sein Haußfraw war/ Darumb der Keyser vnd alle die von der Stadt jr deselben

selben tags grosse ehr bewisen / vnd mehr denn sie solten. Deßhalben ein jede fromme Frauw jres Manns zorn tugentlich vertragen/vnd jm sein ehr behüten soll.

Wie ein Weib von Thekoa Absalom wider zu hulden bracht beim König Dauid. 2. Samuel. 14.

JOab aber der Sohn Zeru Ja merckt daß des Königs Hertz war wider Absalom/ vnd sandte hin gen Thekoa / vnd ließ holen von dannen ein kluges Weib/vnd sprach zu jr: Trage leyd/ vñ zeuch leydes kleider an/ vñ salbe dich nicht mit Oele/sonder stell dich wie ein Weib/ das lange zeit leyd getragen hat vber ein Todten / vnnd solt zum König hinein gehen/vnd mit jm reden / so vnnd so/ Vnnd Joab gab jr ein was sie reden solt.

Vnnd da das Weib von Thekoa mit dem König reden wolt/ fiel sie auff jr Angesicht zur erden/ bettet an/ vnnd sprach: Hilff mir König. Der König sprach zu jr: was ist dir? Sie sprach: ich bin ein witwe/ein Weib daß leyd tregt / vnnd mein Mann ist gestorben/ Vnnd dein Magd hat zwen Söhn / die zanckten miteinander auff dem Feldt / vnnd da jhn niemand wehret/ schlug einer den andern vnd tödtet jn. Vnd sihe nuh stehet auff die gantze freundschafft wider deine Magd/ vnd sagen: Gib herauß den der seinen Bruder erschlagen hat / daß wir jn tödten für die Seel seines Bruders / den er erwürgt hat/ vnnd auch den Erben vertilgen/ vnd wöllen meinen funcken außlöschen der noch vberig ist/daß meinem Mann kein Name vñ nichts vberig bleibe auff Erden.

Der König sprach zum Weib: Gehe heym / ich wil für dich gebieten. Vnnd das Weib von Thekoa sprach zum König: Mein Herr König / die missethat sey auff mir vnd meines Vatters Hauß/der König aber vnnd sein stul sey vnschuldig. Der König sprach: Wer wider dich redt/den bring zu mir / so soll er nicht mehr dich antasten. Sie sprach: Herr König gedenck an den Herrn deinen Gott / daß der Blutrichter nicht zuuiel werden zu verderben/vnnd meinen Sohn nicht vertilgen. Er sprach: So war der Herr lebt/ es sol kein Har von deinem Sohn auff die Erd fallen.

Vnd das Weib sprach: Laß deine Magd meinem Herrn König etwas sagen. Er sprach: sage her. Das Weib sprach: warum̃ hast du ein solches gedacht wider Gottes Volck/ daß der König ein solches geredt hat/ daß er sich verschuldige/ vnd seinen verstoßnen nit ein mal holen leßt? Denn wir sterben des todts/ vnnd wie das Wasser in der erden verschleufft/ das man nicht auffhelt/ Vnnd Gott wil nicht das leben wegnemmen/ sondern bedencket sich/ daß nicht das verstossen auch von jm verstossen werd/ So bin ich nu kom̃en mit meinẽ Herren König solchs zureden in beywesen des Volcks/ denn deine magd gedacht: Ich wil mit dẽ König reden/ villeicht wirdt er thun was seine Magd sagt deñ er wirdt sein Magd erhörẽ/ daß er mich errette von der Hand aller die mich sampt meinem Sohn vertilgen wöllen vom Erb Gottes. Vnnd deine magd gedacht/ meins

Herren des Königs wort sol seyn wie ein Speißopffer/denn mein Herr der König ist wie ein Engel Gottes/ daß er guts vnnd böses hören kan/ darumb wirdt der Herr dein Gott mit dir seyn.

Der König antwortet/vnd sprach zum Weib: Leugne mir nicht was ich dich frage. Das Weib sprach: Mein Herr der König rede. Der König sprach: Ist nit die Hand Joab mit dir in disem allē? Das Weib antwortet/vnd sprach: So war dein Seel lebt/ mein Herr König / ist es niemandt anders weder zur rechten noch zur lincken/denn wie mein Herr der König geredt hat/ Deñ dein Knecht Joab hat mirs gebotten / vnd er hat solchs alles deiner Magd eingeben / daß ich diese sach also wendet / das hat dein Knecht Joab gemacht/Aber mein Herr ist weiß/wie die weißheit eines Engel Gottes / daß er weyß alles auff Erden.

Da sprach der König zu Joab: Sihe ich hab solches gethan / so gehe hin vnnd bring den Knaben Absalom wider. Da fiel Joab auff sein Angesicht zur erden / vnd bettet an/

vnd dancket dem König/vnnd sprach: Heut merckt dein Knecht / daß ich gnad fundē hab für deinen Augen / mein Herr König / das der König thut was sein knecht sagt. Also machet sich Joab auff/vnd zog gen Gesur/ vnd bracht Absalom gen Jerusalem. Aber der König sprach: Laß jn wid' in sein Hauß gehen / vnd mein Angesicht nicht sehen. Also kame Absalom wider in sein Hauß / vnnd sahe des Königs Angesicht nicht.

Es ware aber inn gantz Jsrael kein Mann so schön vnnd vast lieblich als Absalom/von seiner fußsolē an biß auff sein scheitel war nicht ein fehl ahn jhm / Vnnd wenn man sein Haupt beschur / das geschach gemeinlich all jar/deñ es war jm so schwer daß mans abscheren mußt/so wuge sein Haupthar zweyhundert Seckel nach dem Königlichen gewicht. Vnnd Absalom wurden drey Söhn geboren / vnnd ein Tochter die hieß Thamar / vnd war ein Weib schön von gestalt. Also bliebe Absalom zwey jar zu Jerusalem daß er des Königs Angesicht nit sahe.

Vnd Absalom sandte nach Joab/daß

er

er jn zum König sandte / vnnd er wolt nit zu jhm kommen / Er aber sandte zum anderen mal / noch wolt er nicht kommen / Da sprach er zu seinẽ Knechten: Sehet das stück Ackers Joab neben meinem / vñ er hat Gersten darauff / so gehet hin vnd stecket es mit fewr an / Da steckten die Knecht Absalom das stück mit fewer an.

Da macht sich Joab auff / vnnd kam zu Absalom ins Hauß / vñ sprach zu jm: Warvmb haben deine Knecht mein stück mit fewer angesteckt? Absalom sprach zu Joab: Sihe / ich sandte nach dir / vnd ließ dir sagen / Komme her daß ich dich zum König sende / vnd sagen lasse / Warumb bin ich von Gesur kommen? Es were mir besser daß ich noch da were / So laß mich nuh das Angesicht des Königs sehen / Ist aber ein missethat an mir / so tödte mich. Vnnd Joab gienge hin zum König vnd sagts jhm an / Vnd er rieffe dem Absalom daß er hinein zum Könige kam / Vnd er bettet an auff seinem Angesicht zur Erden für dem König / Vnnd der König küsset Absalom.

Die Weiber sollen weiser Mann raths pflegen/wie die Königin Saba thet/3. Reg. 10.

VNd da das gerücht Salomo von dem namen des Herrn kam für die Königin vom Reich Arabien/kam sie jhn zuversuchen mit Retzeln/ Vnd sie kam ghen Jerusalem mit eim sehr grossen zeug/mit Camelen die specerey trugen/vnnd viel Golds vnd Edelgesteins. Vnd da sie zum König Salomo hinein kame/redet sie mit jhm alles was sie fürgenommen hatte/ vnd Salomo sagts jr alles/ vnnd war dem König nichts verborgen/das er nicht sagte.

Da aber die Königin vom Reich Arabien sahe alle weißheit Salomo/ vnnd das Hauß das er gebawt hatt/ vnd die speiß für seinen Tisch/ vnnd seiner Knecht wonunge/ vnd seiner Diener ampt/ vnnd jhre Kleider vnnd seine schencken/vnnd seine Brandopffer/ die er in dem Hauß des Herrn opfferte/

kunde

kundt sie sich nicht mehr enthalten/vñ sprach zum König: Es ist war was ich in meinem Land gehört hab von deinem wesen / vnnd von deiner weißheit/vnd ich habs nicht wöllen glauben/biß ich kommen bin/ vnnd habs mit meinen Augen gesehen/ vnnd sihe / es ist mir nicht die helffte gesagt / Du hast mehr Weißheit vnd guts denn das gerücht ist das ich gehört habe/ Selig seind deine Leuth vñ deine Knecht / die alle zeit für dir stehen vnd deine weißheit hören / Gelobt sey der Herr dein Gott/der zu dir lust hat daß er dich auff den Stul Jsrael gesetzt hat / drumb daß der Herr Jsrael lieb hat ewiglich/ vñ dich zum Könige gesetzt hat / daß du recht vnnd redlicheit handhabest.

Vnd sie gab dem König hundert vnd zwentzig Centner Golds/ vnd sehr vil specerey vnd Edelgestein/Es kam nit mehr so vil specerey/als die Königin vom reich Arabien dem König Salomo gab. Dazu die Schiff Hiram die Gold auß Ophir führetẽ/brachten sehr viel heben Holtz / vnnd Edelgestein. Vñ der König ließ machen von heben Holtz

Pfeiler

Pfeiler im Hause des Herren/vñ im Hauß des Königs/ vnd Harpffen vnd Psalter für die Senger/ Es kame nicht mehr solch heben Holtz/warde auch nicht gesehen biß auff disen tag. Vnd der König Salomo gab der Königinn vom Reich Arabien alles was sie begert vnd bate/ohn was er jhr gab von jhm selb/ Vnd sie wandt sich vnd zoch in jr Land sampt jren Knechten.

Von der Witfrawen die Heliam nehret/3.Reg.17.

VNd es sprach Elia der Thisbiter auß den Bürgern Gilead zu Ahab: So war der Herr der Gott Israel lebet/ für dem ich stehe/Es sol diß Jar weder Taw noch Regen kommen/ich sage es denn.

Vnd das Wort des Herrn kam zu jm/vñ sprach: Gehe weg von hinnen/ vnnd wende dich gegen morgẽ/ vñ verbirge dich am bach Crith/ der für dem Jordan fleußt/vnnd solt vom bach trincken/vñ ich hab den Raben gebotten/

botten/daß sie dich daselbs sollen versorgen/
Er aber gieng hin/ thet nach dem wort des
Herrn/vñ gieng weg/setzt sich an dem Bach
Crith/der für dem Jordan fleußt/vnnd die
Raben brachten jhm Brot vnnd Fleisch des
morgens vnnd abends/ vnnd er tranck des
Bachs.

Vnnd es geschach nach etlichen tagen/
daß der Bach vertrocknet/denn es war kein
regen im Land/Da kam das wort des Herren zu jm vnnd sprach: Mache dich auff vnd
gehe gen Zarpath/welche bey Zidon ligt/ vñ
bleib daselbs/denn ich hab daselbs einer witwin gebotten/daß sie dich versorge/Vnnd er
macht sich auff vnd gieng gen Zarpath/vnd
da er kame an die Thür der Stadt/sihe/da
war die Witwe vnd lase Holtz auff/ Vnnd
er rieff jhr vnnd sprach: Hole mir ein wenig
wasser im gefeß daß ich trincke? Da sie aber
hingienge jm zuholen/ rieff er jr vnd sprach:
Bringe mir auch einen bissen Brots mit.
Sie sprach: so war der Herr dein Gott lebt/
ich hab kein Brot/ on ein Hand voll Mehls
im Cad/vnd ein wenig Oels im krug/vnnd
sihe/

sihe / ich hab ein Holtz oder zwey auffgelesen/vnd gehe hinein vnd wil mir vñ meinem Sohn zurichten / daß wir essen vnd sterben.

Elia sprach zu jhr: Förchte dich nicht/ gehe hin vnd machs wie du gesagt hast/doch mache mir am ersten ein kleines Brot darvon/vñ bringe mirs herauß/dir aber vñ deinem Sohn soltu darnach auch machen/denn also spricht der Herr/der Gott Israel: Das Mehl im Cad sol nit alle werden/ vnd deim ölkrug soll nichts mangeln biß auff den tag/ da der Herr regnen lassen wird auff Erden. Vnd sie gienge hin/vnnd machet wie Elia gesagt hatte/ Vnnd er aß/vnd sie auch/vnd jhr Hauß ein zeitlang/ Das Mehl im Cad ward nicht alle/ vnd dem ölkrug mangelt nichts/nach dem Wort des Herren / das er geredt hat durch Elia.

Vnd nach diesen geschichten ward des Weibes seiner Haußwirtin Sohn kranck/ vnnd seine kranckheit ward so sehr hart/daß kein Othem mehr in jm bleib/Vñ sie sprach zum Elia: Was hab ich mit dir zu schaffen du Mañ Gottes? du bist zu mir herein kommen/ daß meiner missethat gedacht/ vñ mein Sohn getödtet würde. Er sprach zu jr: Gib mir her deinen Sohn/ Vnd er nam jhn von jrem schoß/ vñ gieng hinauff auff den Saal da er wohnet/ vnd legt jn auff sein Beth/ vnd rieff den Herrn an vnnd sprach: Herr mein Gott/ hast du auch der Witwen/ bey der ich ein Gast bin / so vbel gethan/ daß du jhren Sohn tödtest.

Vnnd er maß sich vber dem Kind dreymal/ vnd rieff den Herrn an vñ sprach: Herr mein Gott/ laß die Seel dieses Kinds wider zu jhm kommen. Vnnd der Herr erhört die stimm Elia / vnnd die Seel des Kinds kam wider zu jhm/ vnd ward lebendig. Elia nam das Kind vnd brachts hinab vom Saal ins Hauß/ gab es seiner Mutter vñ sprach: Sihe da dein Son lebt. Vnd das Weib sprach zu Elia: Nuh erkenn ich daß du ein Mann Gottes bist / vnnd des Herren Wort in deinem Mund ist gewiß.

Von

Von zweien frommen Weibern/ welchen Heliseus viel guts be- wiß. 4. Reg. 4.

VNd es schrey ein weib vnter den Weibern der Kinder der Propheten zu Elisa/ vnnd sprach: Dein Knecht mein Mann ist gestorben/ so weist du daß er dein knecht den Herrn förchtet/ Nuh kompt der schuldtherr vnd wil meine beide Kinder nemmen zu eignen knechten. Elisa sprach zu jr: Was sol ich dir thun? Sag mir was hastu im Hauß? Sie sprach: Dein Magd hat nichts im Hauß denn ein Oelkrug. Er sprach: Gehe hin vnd bitt daussen von allen deinen Nachbawrn leere Gefeß/ vnd derselben nit wenig/ vnd gehe hinein/ schleuß die Thür hinder dir zu mit deinen Söhnen/ vnd geuß in alle Gefeß/ vnd wenn du sie gefült hast/ so gib sie hin.

Sie gieng hin/ vnnd schloß die Thür hinder jr zu sampt jhren Söhnen/ die brachten jhr die Gefeß zu/ so goß sie ein/ Vnnd da die Gefeß voll waren/ sprach sie zu jhrem

Sohn: Lang mir noch ein Gefeß her. Er sprach zu jr: Es ist kein Gefeß mehr hie. Da stund das öle/ vnd sie gieng hin vnnd sagts dem Mann Gottes an/ Er sprach: Gehe hin/ verkauff das öle/ vnnd bezale deinen Schuldtherren/ du aber vnnd deine Söhne nehrend euch von dem vbrigen.

Vnd es begab sich zur zeit/ daß Elisa gieng ghen Sunem/ daselbs war ein reich Weib/ die hielt jhn auff/ daß er bey jhr saß/ Vnd als er offt daselbs durchzog/ gieng er zu jhr ein/ vnd aß bey jhr/ vnnd sie sprach zu jhrem Mann: Sihe/ ich merck daß dieser Mann Gottes heilig ist/ der jmmerdar hie durchgehet/ laßt vns jhm ein bretern Saal machen/ vnd ein Beth/ Tisch/ Stul vnnd Leuchter hinein setzen/ auff das wenn er zu vns kompt/ dahin sich thue.

Vnd es begab sich zur zeit daß er hinein kam/ vnnd legte sich in den Saal/ vnd schlieff darinnen/ Vnnd sprach zu seinem Knaben Gehasi: Ruff der Sunamitin/ Vn da er jhr rieff/ trat sie für jhn/ Er sprach zu jm/ sag jr: sihe/ du hast vns allen diesen dienst gethan/

gethan/was soll ich dir thun? hast du ein sach an den König/oder an den Feldthauptman? Sie sprach: Jch wohne vnter meim Volck. Er sprach: Was ist dir denn zuthun? Gehasi sprach: Ach sie hat keinen Sohn/ vnd jhr Mann ist alt. Er sprach: Rüff jhr/vnd da er jr rieff/trat sie in die Thür. Vnd er sprach: Vmb diese zeit so die frucht leben kan/ solt du einen Sohn hertzen. Sie sprach: Ach nicht mein Herr/ du Mann Gottes/ leuge deiner Magd nicht/ Vnd das Weib ward schwanger vnd gebar einen Sohn vmb dieselbe zeit/da die frucht leben kund/wie jr Elisa geredt hatte.

Da aber das Kind groß warde/begab sichs/ daß es hinauß zu seinem Vatter zu den Schnittern gieng/vnd sprach zu seinem Vatter: O mein Häupt/mein Häupt. Er sprach zu seinem Knaben: Bringe jn zu seiner Mutter/Vnd er nam jhn/vnd bracht jn hinein zu seiner Mutter/ Vnnd sie satzt jhn auff jhren schoß biß an mittag/Da starb er/ vnd sie gieng hinauff/vñ legt jn auffs Beth des Manns Gottes/ schloß zu/vnnd gieng hinauß/vnnd rieff jrem Mann/vnd sprach: Sende mir der Knaben einen vñ ein Eselin/ ich wil zu dem Mann Gottes/ vnnd wider kommen. Er sprach: Warumb wilt du zu jhm? Ist doch heute nicht Newmonde noch Sabbath. Sie sprach: wol. Vñ sie sattelt die Eselin/vñ sprach zum knabē: Treibe fort vñ seume nicht mit deim reiten/wie ich dir sage.

Also zoch sie hin vnnd kam zu dem Mañ Gottes auff den Berg Carmel. Als aber der Mann Gottes sie gegen jm sahe/ sprach er zu seinem knaben Gehasi: Sihe/ die Sunamitin ist da / so lauff jhr nuh entgegen/ vnd frage sie/obs jhr vnd jhrem Mann vnd Sohn wol gehe. Sie sprach: wol. Da sie aber zu dem Mann Gottes auff den Berg kam / hielt sie jhn bey seinen Füssen/ Gehasi aber trate herzu daß er sie abstiesse. Aber der Mañ Gottes sprach: Laß sie/denn jhr Seel ist betrübt/ vñ der Herr hat mirs verborgen vnd nicht angezeigt. Sie sprach: Wenn hab ich einen Son gebetten von meinem Herrn? Sagt ich nit/du sollest mir nicht spotten?

Er sprach zu Gehasi: Gürte deine Lenden/

den/ vnd nim̃ meinẽ stab in deine Hand/ vnd gehe hin/ so dir jemand begegnet / so grüsse jhn nicht / vnnd grüsset dich jemand/ so dancke jhm nicht / vnnd lege meinen Stab auff des Knaben Angesicht. Die Mutter aber des Knaben sprach: So war der Herr lebet vnd deine Seel / ich lasse nicht von dir. Da macht er sich auff vnd gieng jr nach. Gehasi aber gienge für jnen hin/ vnd legt den Stab dem Knaben auffs Angesicht / da war aber kein stimme noch fülen/ Vnd er gieng widerumb jhm entgegen / vnnd zeigt jhm an vnnd sprach: Der Knab ist nicht auffgewacht.

Vnnd da Elisa ins Hauß kame / sihe/ da lag der Knab todt auff seinem Beth/ vnd er gieng hinein / vnd schloß die Thür zu für sie beide/ vnnd bettet zu dem Herren/ Vnnd steig hinauff / vnnd legt sich auff das Kind/ vñ leget seinẽ Mund auff des kinds Mund/ vñ seine Augen auff seine Augen / vnd seine Hend auff seine Hend / vnd breitet sich also vber jn/ daß des Kinds leib warm ward. Er aber stunde wider auff / vñ gienge im Hauß einmal hieher vñ dorther/ vnd steig hinauff/

vnd breitet sich vber jhn. Da schnaubet der Knab sieben mal/darnach thet der Knab seine Augen auff. Vñ er rieff Gehasi/ vñ sprach: Rüffe der Sunamitin/ Vnd da er jhr rieff/ kam sie hinein zu jm. Er sprach: Da nimb hin deinen Son. Da kam sie vnd fiel zu seinen Füssen/vnd bettet jhn an zur Erden/vnd nam jren Sohn/vnd gieng hinauß.

Da aber Elisa wider gegen Gilgal kame/ ward thewrung im Land/ vnnd die Kinder der Propheten wohneten für jhm/Vnnd er sprach zu seinem Knaben: Setze zu ein groß Döpffen/ vñ koch ein gemůß für die Kinder der Propheten. Da gieng einer auffs Feld/ daß er Kraut lese / vnnd fand ein Kürbes strauch/ vnnd lase daruon Kürbes sein kleid voll. Vñ da er kame/schnitte er es ins Döpffen zum gemůß/denn sie kantens nicht. Vnd da sie es außschuttē für die Männer zuessen/ vnnd sie von dem gemůß assen / schreien sie/ vnd sprachen: O Mann Gottes/der todt im Döpffen/ Denn sie kundtens nicht essen. Er aebr sprach: Bringet Mehl her/Vñ er thets in das Döpffen/ vñ sprach: Schüttet es dem

Volck

Volck für/daß sie essen / Da war nichts bitter inn dem Döpffen.

Es kame aber ein Mann von Baal Salisa/ vnnd bracht dem Mann Gottes erstling Brot/nemlich zwentzig gersten Brot / vnd new getreid in seinem Kleid. Er aber sprach: Gib es dem Volck/daß sie essen. Sein Diener sprach: Was soll ich hundert Mann an dem geben? Er sprache: Gib dem Volck daß sie essen / Denn so spricht der Herr: Man wirdt essen vnd wirdt vberbleiben. Vnnd er legts jhnen für daß sie assen / vnd blieb noch vber/nach dem wort des Herren.

Folgt die schöne Histori Susanna/ der Haußfrawen Joiakim.

ES war ein Bürger zu Babel/ der hieß Joiakim / der name ein Weib die hieß Susanna / ein Tochter Hilkie/sehr schön vnd Gottsförchtig / jre Eltern waren auch fromme Leuth / darumb vnterwiesen sie jhr Tochter im Gesatz Mose.

Joiakim jr Mann war hefftig reich/ vñ hett zurur an seinem Hauß ein Lustgarten. Nuh / die Jüden kamen gemeinlich zu jhm / dieweil er der wolgeachtest war vnter

jhnen allen. Eben desselbigen Jars hett das gemeine Volck zwen Richter gesetzt/von denen redt der Herr also: Alle Büberey die in Babel fürgehet/entspringt nur von den Eltern / das ist/von den Richtern/die man vermeinet sie regieren das Volck. Diese kamen nuh offt ins Hauß Joiakim/daselbst hin kamen auch alle jhenigen / die etwas vor dem Gericht zuschaffen hetten.

Wenn nuhn das Volck nach mittage wider kam / so gieng Susanna hin in jhres Manns Lustgarten zuspacieren / solches sahen die ältern daß sie teglich dahin pflage spacieren zugehn / die erbrunnen vor lust zu jhr / sie kamen schier von sinnen / vnnd schlugen jhre Augen gantz vnter / daß sie nicht einmal vber sich ghen Himmel gesehen hetten / vnd betrachtet daß Gott ein rechter Richter ist. Das kame alles daher / deñ sie waren mit jrer liebe vbel verwundt / vnd dorffte doch jr keiner dem andern sein anligen klagen / Sie schämeten sich auch Susanna jren bösen lust zuöffnen / daß sie gern mit jr zuschaffen gehabt hetten / noch hetten sie von tag zu tag ein ernstlichers auffsehen auff sie / daß sie jnē doch möcht zusehen werden / Jedoch sagt einer zum andern: Wolauff / wir wöllen heim gehn / es ist zeit daß man zu morgē essē / Also giengen sie von jnen hinweg.

Nach dem sie wider kamen / tratten sie zusammen / vñ forscheten vrsach von einander / beichtetet je einer dem andern seinen bösen gelust / Da wurden sie miteinander zu

rath /

rath/vnd satzten ein zeit/ in deren sie Susannam allein ergreiffen möchten.

Es begab sich nuh/ daß sie ein wolgelegnen tag außgespehet hatten/an dem Susanna/ wie jhr gewonheit war / spacieren gieng/ vnnd niemands mit jhr/ weder zwo Jungfrawen/ vnnd hatte willen sie wolt im Lustgarten baden/denn es war ein sehr warme zeit/ Ja da war nicht ein mensch/ außgenommen die zween ältern/die sich heimlich da verschlagen hatten/ daß sie Susannam beschaweten.

Susanna sagt zu jhren zweien Jungfrawen: Gehet hin/langt mirs Oel/vnd das Melissawasser/ vnd sperret die Gartenthür nach euch zu/ ich wil baden. Sie theten wie sie jhnen befolhen hatte/ vnnd beschlossen die Gartenthür/ Sie giengen aber zur hinderthür hinauß jenes zu holen das sie befolhen hette. Susanna aber wußte nicht daß die zween ältern darinn verborgen waren.

Als die Jungfrawen hinauß waren/ machten sich die zween ältern auff/ lieffen sie an/vnnd sagten: Wolan/die Gartenthür

seind

seind allenthalben versperret / daß vns niemand sehen mag / wir haben ein lust zu dir / derhalben ergib dich darein / vnnd werde vns zuwillen / wo du es aber nit thun wilt / so wöllen wir kundtschafft vber dich sagen / es sey ein junger Gesell bey dir gewesen / vnnd daß sey die vrsach / darum̃ du die zwo Jungfrauwen von dir geschickt habest. Susanna erseufftzet / vnnd sagt: O wehe der angst / die mich allenthalben anstößt / Würde ich euch zuwillẽ / so muß es doch mein todt seyn / würde ich euch nit zuwillen / so mag ich ewer Hand nit entriñen. Wolan es ist mir vil weger ich fall in ewer Hand on das werck / weder daß ich vor des Herren Angesicht sündigte / Vnd hiemit schrey sie laut auff / Also theten auch die ältern gegen jr. In dem laufft einer zur Gartenthür hinzu / vñ stößt sie auff. Als nuhn auch die Haußknecht das geschrey im Garten hörten / fielen sie beyde zur hinderthür hinein / daß sie doch sehen was da für ein seltzam wesen were. Nuh die ältern theten jr rede dar / deß beschemetẽ sich die Knecht hefftig vbel / Denn man hette vorhin nie kein

solchs

solchs böß geschrey von Susanna gehöret.
Morgigen tags kam das Volck zu jrem Mann Joiakim / Es kamen auch die zween ältern dahin/die steckten voll falscher Finantzen wider Susannam/ damit sie sie vmb jr leben bringen möchten/vnnd redten vorm Volck also: Schicket nach der Susanna der Tochter Hilkia/ ein Haußfraw Joiakim. Da schickten sie von stundan nach jhr/ Sie kam nuh mit jrem Vatter vnd Mutter/mit jhren Kindern vnd gantzer freundschafft. Nuh/ Susanna war sehr zart/ vnnd vberauß schön von gestalt. Die Schälck befalhen/man solt jhr die hüll abziehen(denn sie war verhüllet) damit sie sich doch also an jrer schöne ersettigen möchtē. Da huben alle jre freund/vnd wer sie kennet/an zuweinē.
Diese zwen ältern stunden mitten vnterm Volck empor auff/vñ legten jre Hend auff das Haupt Susanna/ die weinet sehr/ vñ sahe vber sich gen Hiṁel/ denn jr Hertz hatte ein gut vertrawē zum Herrn/Also huben die ältern an/vñ sagtē: Wie wir beid also allein im Lustgarten hin vnd her giengen/so kompt

diese

diese auch daher mit zweien Jungfrawẽ gegangen/ die schickt sie bald von jr hinweg/ vñ sperret darnach die Gartenthür zu/ im selbigẽ tritt ein junger Gesell herfür zu jr/ der da verborgẽ lag/ vñ beschlieff sie/ Wir aber stunden in einem winckel des Gartens/ Als wir nuh solche Büberey sahen/ eileten wir hinzu/ da sahẽ wir wol daß sie miteinander zu thun hatten. Wir aber mochten jhn nit erhalten/ deñ er war stercker weder wir/ er risse die thür auff/ vñ sprang dauon/ Als wir sie aber ergriffen/ fragten wir/ wer dieser jung Gesell wer/ Das wolt sie vns nicht sagen. Das ist der handel/ vnnd deß seind wir zeugen. Das gemein Volck glaubt jnen/ als den ältern vnd die des Volcks Richter waren/ vnd erkandten Susanna zum todt.

Susanna rüfft auß mit heller stimme/ vnd sagt: O Allmechtiger Gott/ der du alle heimligkeit weißt vnd kennest/ dir seind alle ding bekannt/ ehe vnd sie geschehen/ nu weißt du doch jhe wol/ daß sie falsche gezeugnuß vber mich geben/ vñ sihe ich muß sterben/ vñ hab dennoch der ding/ die sie boßhafftiglich

wider

wider mich gedacht haben/ keins nie gethan. Der Herr aber erhört jr Gebet.

Wie man sie jetzt außführet zum todt/ erweckt der Herr den heiligē Geist eins jungen Knaben / der hieß Daniel/ der schrey vberlaut : Jch bin rein von diesem Blut. Da keret sich alles Volck vmb gegen jm/ vñ sprach: Was bedeut diese rede die du jetzt thust? Daniel stellet sich mitten vnter sie/ vnd sprach: O jhr Kinder Jsrael/ wie seind jhr so einfeltige Leuth/ jr haben ein Tochter Jsraels zum todt verurtheilt/ vnd wisset noch nit die rechte warheit weßhalb / besitzet das Gericht widerumb / denn sie haben falsche gezeugnuß wider sie gesagt. Da keret sich das Volck eilends widerum̄/ vñ die Eltern (das seind die fürgesetzten) sagten zu jm: Komme her/ setz dich da zwischen vns/ vnnd zeig vns solches an / dieweil dir Gott so viel ehren verliehen hat als den Eltern. Daniel sprach zu jnē: Verschaffet daß diese zween von einander gethan werden/ so wil ich sie verhören/ Das geschach. Er berůfft den einen/ vñ sagt zu jm: Du grosser schalck/ der du dein schalck

heit

heit lang getrieben hast/ gelt dein büberey/ mit deren du vorhin allweg vmbgangē bist/ komme jetzt auch an tag/ daß du falsch geurtheilt/ die vnschuldigen vntertruckt/ die schuldigen aber freygelassen hast/ vnangesehen daß der Herr gesagt hat: Du solt den vnschuldigen vnd frommen nicht vmbbringen. Wolhin/ weil du sie nuh gesehen hast/ so sage her/ vnter welchem Baum hast du sie gesehen? Er antwortet/ vnter einē Maulberbaum. Daniel sagt zu jm: Das ist recht/ du leugst auff deinen Kopff hinauff. Sihe/ des Herrn Bott hat das vrtheil von jm empfangen/ der wird dich in zwey zerschneiden. Diesen hieß er wider hingehen/ vnd fordert den andern/ Zu dem sagt er also: O du same Chanaam vñ nit Juda/ dich hat jr schöne gestalt betrogen/ vnnd die böß begird hat dir dein Hertz verkert/ vorhin seind jhr auch also mit den Töchtern Jsraels vmbgangen/ die wurden euch zuwillen/ denn sie forchten euch/ die Tochter Juda aber hat euch ewer büberey nicht gestatten wöllen/ Nuh so sag mir an/ vnter welchem Baum hast du sie ergriffen/

griffen / da sie mit einander zuschaffen hatten? Er antwortet: Vnter eim Granatöpffel Baum. Da sagt Daniel zu jm: Wol / also leugst du auch auff deinen Kopff hinauff. Hie harret des Herrn Bott mit dem schwerdt daß er dich in zwey zerschneide / vnd euch beide vmbbringe.

Auff das schrey die gantze Gemein mit grosser stimme / vnd lobten Gott / der allweg die errett / die jr vertrawen auff jn setzen. Sie aber lähnten sich wider diese zween Eltern auff / die Daniel auß jhrem eignen Mund vberwunden hatte / daß sie falsche zeugnuß hatten geben / vnnd giengen eben mit jhnen vmb / wie sie mit jhrem nechsten vbel wolten vmbgangen seyn / ja sie handelten nach dem Gesetz Mose / vnd brachten sie vmb. Also ward auff denselbigen tag das vnschuldig Blut errettet.

Hilkia aber sampt seiner Haußfrauwen / lobten Gott für jr Tochter Susanna / mit jhrem Mann Joiakim / sampt der gantzen freundtschafft / daß sie inn der sach nicht vppig erfunden warde. Daniel aber ward von dem tag an / vnnd nacherwertz / allweg groß vor diesem Volck gehalten.

Von der offnen sünderin die Christum salbet im Hauß Simonis des Phariseers. Luc. 7.

ES bate Christum ein Phariseer daß er mit jhm esse / vnnd er gieng hinein in des Phariseers Hauß / vnnd setzte sich zutisch / Vnnd sihe / ein Weib war in der Stadt die war ein Sünderin / da die vernam daß er zutisch saß in des Phariseers Hauß / bracht sie ein Glaß mit Salben / vnnd trat hinden zu seinen Füssen vnd weinet / vnd fieng an seine Füß zunetzen mit träheren / vnd mit den Haren jhres Haupts zutrucken / vnd küsset seine Füß / vnd salbet sie mit Salben.

Da aber der Phariseer das sahe / der jn geladen hate / sprach er bey sich selbst / vnnd sagt: Weñ dieser ein Prophet were / so wißt er wer vnd welch ein Weib diß ist / die jhn anrühret /

denn sie ist ein Sůnderin. Vnnd Jhesus antwortet vnd sprach zu jhm: Simon/ Jch hab dir etwas zusagen. Er aber sprach: Meister sag an. Es hatt ein Lehenhert zween Schuldiger/ einer war schuldig fünffhundert Pfennig/der ander fünfftzig/da sie aber nicht hatten zubezalen/ schenckt ers beyden. Sage an/ welcher vnter denen wird jhn am meisten lieben? Simon antwort vñ sprach: Jch achte dem er am meisten geschenckt hat. Er aber sprach zu jhm : Du hast recht gericht.

Vnnd er wandte sich zum Weib/ vnnd sprach zu Simon : Sihest du das Weib? Jch bin kommen in dein Hauß/ du hast mir nicht Wasser geben zu meinen Füssen/ diese aber hat meine Füß mit trähern genetzt/ vñ mit den Haren jrs Haupts getrucknet. Du hast mir keinen Kuß geben/ diese aber/ nach dem sie herein kommen ist/ hat sie nicht abgelassen meine Füß zuküssen. Du hast mein Haupt nicht mit Oele gesalbet/ sie aber hat meine Füß mit Salben gesalbt. Derhalben sag ich dir: jhr seind viel Sünden vergeben/

denn

denn sie hat viel geliebt/welchem aber wenig vergeben wirdt/ der liebet auch wenig.

Vnnd er sprach zu jhr: Dir seyn deine Sünde vergeben. Da fiengen an die zutisch sassen / vnnd sprachen bey sich selbst: Wer ist dieser/der auch die Sünde vergibt? Er aber sprach zum Weib: Dein Glaub hat dir geholffen/gehe hin mit frieden.

Von andern frommen Weibern/ wie die Christo nachfolgten. Lucę 8.

VNnd es begab sich darnach daß Christus reisset durch Städte vnd Märckte/vnd predigt/ vnd verkündiget das Euangelium vom Reich Gottes/vnd die zwölff mit jhm/ dar zu etliche Weiber die er hatt gesundt gemacht von den bösen Geistern/ vnd Kranckheiten / nemlich Maria / die da Magdalena heisset / von welcher waren sieben Teuffel außgetrieben/ vnnd Johanna / das

Weib Chusa / des Pflegers Herodis / vnnd Susanna / vnd viel andere die jhnen handtreichung theten von jhrer Haab.

Vom glauben des Weibs / welche Christum vnterm Volck anrůret. Luce 8.

VNd ein Weib hatte den Blutgang zwölff jar gehabt / die hatt all jhre narung an die Ertzt gewandt / vnd kundt von niemand geheilt werden / die trate hinzu von hinden vnd rühret seines Kleides saum an / vnd als bald bestund jhr der Blutgang. Vnd Jesus sprach: Wer hat mich angerůrt? Da sie aber alle leugneten / sprach Petrus vnnd die mit jm waren: Meister / das Volck tringt vnnd truckt dich / vnnd du sprichst / Wer hat mich angerůret? Jesus aber sprach: Es hat mich jemand angerůrt / deñ ich fůle daß ein krafft von mir gangen ist. Da aber das Weib sahe daß nicht verborgen war / kam sie zitternd vnnd fiel für jhn/vnd verkündiget vor allem Volck/auß was vrsach sie jhn hett angerüret / vnd wie sie were als bald gesundt worden. Er aber sprach zu jhr : Sey getrost mein Tochter/ dein glaub hat dir geholffen/ gehe hin mit frieden.

Von Martha vnnd Maria Glaub vnd Liebe die sie zu Christo hatten.

CHristus kam mit seinen Jüngern inn ein Marckt/da war ein Weib mit namen Martha/die nam jn auff in jr Hauß/vnd sie hatt ein Schwester die hieß Maria/die satzt sich zu seinen Füssen/vñ höret seiner rede zu. Martha aber macht jr viel zuschaffen/jm zu dienen/Vnd sie trate hinzu vñ sprach: Herr fragestu du nichts darnach/daß mich mein Schwester leßt allein dienen? Sag jr/daß sie es doch auch angreiff. Jesus aber antwortet/

vnd sprach zu jr: Martha/Martha/ du sorgest vnnd bekümmerst dich mit viel dingen/ Nuh eins ist noth/ Maria hat ein gut theil erwehlet/ das soll nicht von jhr genommen werden.

Wie der Engel Gabriel Mariam grüsset.

FVrbaß so wil ich reden von einer Jungfrawen/ dergleichen nie gewesen ist/ noch nimmer wird/ das ist die heilige Jungfraw Maria/ die Mutter vnsers Herren Jesu Christi/ welche so hoch gewirdigt/ vnd mit so vil alles guten erfüllet ist/ daß es niemand wol schreiben noch wol sagẽ kan/ Diese süsse Jungfraw hat auch jren Son mehr angebetten vnnd geförchtet denn keinen andern/ Denn sie wol wußte/ wer vñ von wannen er war. Sie ist ein Kammer vnd Tempel Gottes gewesen/ dariñ die vermähelung Gottes gehandlet ist/ vnnd trug das leben des Behalters der Welt / Da doch Gott wolte / daß sie dem heiligen Joseph vermähelt/der da ein frommer Mann war/ Denn Gott der HERR wolt geboren werden inn

schein der vermähelung/zugehorsamen dem Gesatz/der zeit/vnd darmit er wende die red der Welt/vnnd jhr auch gesellschafft geben/ sie zuregieren/vnnd inn Egypten zuführen/ Also kam es darzu/da Joseph vername daß sie schwanger war/meinet er sie zuverlassen/ vnd sagt zu jr:er wißte wol/ daß es nicht von jm were/ Deßhalb in derselbigẽ Nacht sandt jhm Gott der Herr gesichtiglichen einen Engel/ daß er nit von jr gieng / denn sie were schwanger durch Göttliche wirckung / mit dem Sohn Gottes / vmb behaltung willen der Welt / Darab er grosse freuwde empfieng/ vnnd jhr forthin viel mehr zucht vnd ehr erbote denn vor/ Denn er wußte wol daß die Propheceien der Propheten müßten erfüllet werden/ vnnd daß der Sohn Gottes kommen solte von einer Jungfrauwen/ Derselben grossen ehren so jm Gott also gethan hatt / danckt er jhm gar fleissig/ vnd thet der heiligen Jungfrawen Marien gar ehrliche vnnd gehorsame dienst erzeigen. Sie ist auch zuloben/ daß sie der Engel einig fand an jrem Gebet. Dergleichen auch all fromme Frauwen allein vnd in andacht seyn sollen an dem dienst Gottes. Darnach lobt sie deñ die heilige Geschrifft/ darum̃ daß sie erschrack/ da sie der Engel grüßte/ vnd fragt/ wie es seyn möchte/ daß sie ein Kindt empfahen solt / denn sie doch Fleischlich nie keinen Mann erkannt hette. Da tröstet sie der

Engel/ vnnd sprach: sie solt sich nicht förchten / denn es wer von dem heiligen Geist/ dem alle ding müglich weren. Ihr Mume Sanct Elisabeth were auch jetzt bey sechs Monden schwanger/ wiewol sie biß in jr Alter vnfruchtbar gewesen wer. Als jr nuh der Engel das gesagt hatte / war sie getrost/ vnnd sprach zu jm: Sihe an/ich bin die Dienerin Gottes/ mir geschech nach deinen worten. Aber zu erst wolt sie wissen wie das were/ als deñ Eua nicht thet/ deñ dieselb glaubt zuuiel leichtlich/ vnd sahe nit an zu welchem ende es reichen würde/ das die Jungfrauw anders bedacht/ vnnd den Engel fragt von dem ende der sachen seiner verkündigung. Also sollen auch thun die frommen Frauwen / wenn man mit jhnen redet von vngeschickten dingen. Darnach lobt sie denn die heilige Geschrifft vmb jhre demütigkeit/ Denn als sie höret daß sie die Mutter Gottes werden solt / ward sie dardurch nit bewegt zu Hoffart / sondern sie sprach / sie were ein Dienerin Gottes / das da Gott gar ein groß gefallen war/ vnnd sich dardurch desto

mehr

mehr demůtiget / abzusteigen in jren reinen Leib/menschlich Natur an sich zunemmen/ Das da ein Exempel ist / daß sich ein jede Frauw gegen Gott demůtigen sol / denn es spricht Gott: Wer sich je mehr demůtiget/ der werd jhe mehr erhöhet / Gott vnnd seine heiligen Engel haben auch demůtigkeit lieber/denn tausent andere Tugenden/auß der vrsachen daß sie wider die Hoffart streitet/ das da ein Sünd ist/ die Gott am allermeisten hasset / Darum̃ sich alle fromme Frawen demůtigen sollen gegen jungen vnd alten/ vnnd deß also bey vnser lieben Frauwen Exempel nemmen.

Wie Maria zu Elisabeth jrer Mumen vber das Gebirg gieng.

MAria aber stunde auff inn den tagen/vnnd gieng auff das Gebirg mit zuchten/ zu der Stadt Jude / vnnd kam in das Hauß Zacha-

Zacharie/vnd grüsset Elisabeth/Vnd es begab sich/als Elisabeth den gruß Marie höret/hüpffet das Kind in jrem leib/Vnnd Elisabeth war des heiligẽ Geists voll/rieff laut/vnd sprach zu jhr: Gebenedeiet seist du vnter den Weibern/vnd gebenedeiet sey die Frucht deines leibs/Vnd woher kompt mir das/daß die Mutter meines Herren zu mir kompt? Sihe/da ich die stim̃ deines grusses höret/hüpffet mit freuden das Kind in meinem leib/Vnnd selig bist du/die du glaubt hast/denn es wird vollendet werden/was dir gesagt ist von dem Herrn.

Vnd Maria sprach: Mein Seel erhebt den Herren/vnd mein Geist freuwet sich in Gott meinem Heiland. Denn er hat die nidrigkeit seiner Magd angesehen/Sihe/von nuh an werdẽ mich selig preisen alle Kindskind. Deñ er hat grosse ding an mir gethan/der da mechtig ist/vnd des Name heilig ist. Vnnd seine barmhertzigkeit wehret jmmer für vnd für bey denen die jhn förchten. Er hat gewalt geübet mit seinem Arm/vnd zerstrewet die da hoffertig seind in jres Hertzen

sinn.

sinn. Er hat die gewaltigen von dem Stul gestossen/ vñ die nidrigen erhaben. Die hungerigen hat er mit Gütern erfüllet / vnd die Reichen leer gelassen. Er hat der Barmhertzigkeit gedacht/ vnnd seinem Diener Jsrael auffgeholffen/ wie er geredt hat vnsern Vätern/ Abraham vnnd seinem Samen ewiglich. Vñ Maria bleib bey jr bey drey Monden/ darnach kehret sie widerumb heim.

Hie sollen Weiber vnd Jungfrawen lernen Gottsförchtig vnd züchtig seyn/ welche zwo tugenden auch in der schnöden Welt gelobt müssen werden/ ob sie auch wol zu zeitē darüber in todts noth kämē/ wie einer Jungfrawen von einem falschen Ritter geschahe.

Wie ein Ritter ein Jungfraw fälschlich in todt wolt bringen/ daß sie jm seinen bösen willen nicht gestatten wolt.

AUch wolt ich daß jhr gehört hetten ein Exempel von einem Ritter/ der da ein Kampff versprach für eine jungfraw/ Dem

so: Es war eins mals an eines grossen
ren Hof gar ein falscher Ritter/ der bat
Jungfraw vmb vnzimliche Liebe/ die
t jhm nicht gewilligen/weder durch ver-

eissung/noch durch Gaben/sonder sie wolt
en Leib in keuschheit behalten. Da der Rit-
er sahe daß er seinen willen an jhr nicht er-
angen mocht/ sprach er zu jhr: er wolte jhr
hun/das jhr leyd müßt werden/ vnnd gieng
hin/vnd vergifftet einen Apffel/vnd gab den
des Herrn Son im selben Hofe/ der nam in
vnter seinen Armen daß er daruon starbe.
Also

Also sagt der falsch Ritter/die
wer bestellet von den Erben de
zutödten/Deßhalben sie zum t
vnnd in jhr Hembd außgezog
zuuerbrennen. Also klagt vnn
zu Gott vmb jre vnschuld/ V
falsche Ritter were der/der de
Apffel selber geben hett/Deß er
verantwort/vñ erbot sich des so
lich zuerweisen. Nuh kundt die
niemand finden/der solchen ka
rent wegen thun wolt/so starc
sam war der falsch Ritter/doch
denn Gott den gerechten nicht
barmet er sich vber sie/vnnd ve
Ritter genannt Patrides/gar
Ritter dahin kame/gleich als m
anzünden wolt/Der sahe wie di
so kläglich Gott anrůfft/vnd w
inn solche erbermbd bewegt/d
lich erfuhre gestalt der sachen/ d
die Jungfraw von wort zu wo
meist menge zeugnuß gab. Also
pfand wider den falschē Ritter

vnnd ward jhr beider streit gar hart vnnd
schwer / Aber am letsten ward siegloß der
falsch Ritter/vnnd bekannt sich seines vbels/
Dardurch die Jungfraw ward behalten/vn̄
das gericht so vber sie ward gesprochē/ward
an jm erfüllt / Doch so entpfieng Patrides
von dem falschen Ritter fünff tödlicher wun
den. Da er entwapnet ward / schickt er sein
Hembd der Jungfrauwen das an fünff en-
den durchstochen war / dasselb Hembd sie
auch biß an jr end behielt/vnd bat Gott alle
tag für den Ritter der von jret wegen solchē
schmertzen hatt erlittē. Solchs wol zu glei-
chen ist dem Edlen Ritter Jesu Christo/ der
sich auch auß erbermbde für vns arme Sün-
der/ als wir in der finstere der Hellē gefenck-
nuß behafftet waren / an dem stammen des
heiligen Creutzes kempffens wider dē Teuf-
fel williglichen angenommen/ vnnd von vn-
sert wegen fünff tödtlicher wunden empfan-
gen. Also sollen alle Frauwen jhr ehr behal-
ten/vnnd ehe sie die verlieren / sie ehe wölten
sterben/wie denn viel fromme Jungfrawen
sich gegen den Wüterichen gehalten haben.

Nuh lieben Töchter wöllen wir die Biblischen Weiber bleiben lassen/ vnd auch etwas sagen von etlichen Heidnischen Weibern/ wie die sich in jhrer Weiblichen zucht gehalten.

Von Lucretia wie sie sich selbs erstach.

LVcretia ein fürerin Römischer erbarkeit der Frawen/ vnd ein heilige hohe zierd aller reinigkeit/ist gewesen ein Tochter des edlen Römers Lucretius Spurius Tricipitinus geheissen/ vnd ein Gemahel Collatini/vnnd ist ein zweifel/ob sie mehr von der schöne jhres leibs oder des gemüts/ für alle erbare Römerin soll gelobet werden. Vnnd zu den zeiten als Tarquinius der hoffertig vor der Stadt Ardea lag/ die zugewinnen/ vnferr von dem Weiler Collaciam/zoch sie dahin auß der Stadt/ in jres Mañs Hauß. Vnnd als nuh sich das belägeren lang verzoge/

sich die Königlichē Jüngling
mlen / inn gesellschafft / vnter
uch Collatinus. Als sie nuh
l gelebt hatten / vnd villeicht der
Haupt ward riechen / fielen sie
on jren Weibern sagend. Vnd
h ist / jeder die seine inn züchten
die höchste setzte / wurden sie ein-
rath / reittend Bottē in eil ghen
ken / vnnd die vngewarnten jhr
r / erkunden / wie sie sich hielten
hrer Männer. Als das be-
en sie all / vorab die schönsten
n / in zierligkeit funden bey an-
Frauwen inn freuden leben / mit
anderen kurtzweilen. Zuhandt
jhre Pferd / vnnd ritten in das
aciam / zubesehen das wesen
Dieselbe funden sie mit keinen
en kleidern gezieret / sonder inn
Gewand vnter jren Frauwen si-
Wollen bereiten. Vmb das ward
glichem (vnd billichen) die ehr-
chätzt. Collatinus als er durch

seine hochgelobte Haußfraw gelobet warde/ gedacht er sie widerumb zuehren/ vnnd berüfft die Königlichen Jüngling alle in sein Hauß. Vnnd in dem/ als sie nach gütlichem empfahen/ wol vnnd ehrlich/ mit genugsamer speiß gesettiget wurden/ ward Sextus/ der Sohn Tarquinij des hoffertigen Keysers / seine vnkeusche Augen in die erbare schöne der keuschen Frawen/ reitzlichē werffen/ vnnd durch das vbelbrennend vnfletig fewer also enzündet/ daß er sein gemüt festiget/ jhres Leibs wöllen theilhafftig werden/ vnnd jhr lustige schöne vermalgen/ Vnnd ob das mit willen nicht beschehen möchte/ daß es denn durch gewalt / an sie gelegt/ müßte vollbracht werden. Jnn kurtzen tagen darnach/ als jn die vnsinn aber einbrünstiglich reitzē ward/ erhube er sich auff heimlich bey der nacht/ vnnd ritt auß dem Heer/ gen Collatiam/ in das Hauß Lucretie/ von deren ward er eingelassen vñ schön empfangen/ on allen argwohn vbels/ vmb daß er jhres Manns nechster Vetter war. Als aber Sextus merckt daß alles Haußgesind gestillet

gestillet war / vnnd nuh mit dem Schlaff beschweret / gieng er in die Schlaffkammer Lucretie mit außgezognem Schwerdt / vnd sprach also: Vor allen dingen Lucretia sag ich dir das / ob du einen schrey auß deinem Mund lassen würdest / so bistu erstochen / Darnach so wiß daß ich einbrünstiglich von deiner schöne entzündet bin / darumb so begere ich / daß du meinen willen freundlich vollbringest / ob das nicht gütlich beschehē mag / würst du darzu bezwungen mit dē schwerdt. Als er aber durch tröuwen daß nicht bekommen mochte / wenn sie besorgte sich nicht vor dem todt / wenn sie damit jhr Weibliche ehr beschirmen möchte / erdachte er ein verdampte böse listigkeit jhre reinigkeit zubeflecken. Vnnd sprach: Ob du meines willens nicht seyn wöllest / so ertödt ich dich vnd ein Knecht zu dir / vnnd sagen / ich hab euch beide sündlich bey einander funden / vnnd von schuldiger freundtschafft wegen / habe ich ewer beider Vbel vnd Ehebruch gestrafft. Von solchen worten war die keusche Fraw betrübet / vnnd gedacht in jhrem leydigen gemüt: Ob ich also getödtet würde / so wer niemand der mich von solcher beschuldigung reiniget/ darumb ist besser den Leib dem Ehebrecher zulassen/daß ich darnach mein vnschuldt mit eigener straff erzeugen mög. Da er aber seinem vnfletigen wollust gnug gethan hett/ schied er von dannen mit freuden / als ob er nach seinem beduncken einen streit besieget hett. Aber Lucretia war vmb so sündtlich Vbel trawrig vñ hart beschwert / Vnd so bald der Tag anbrach / sandt sie nach jhrem Vatter Tricipitino / vnnd nach Bruto jhres Manns Collatini nechsten freund/ der sie alleweg lieb hett / auch andere jhre freund ließ sie bald berüffen / auch jhren Mann / Als die kamen erzelt sie vor jhnen allen trawrig vnnd weinend / was Sextus die nechst vergangen nacht an jhr begangen hette. Als aber jhre freund / jeder vnnd allgemeinlich / die weinend Frauwen wurden trösten / zoch sie herfür jhr scharpffs Messer/in das ende geordnet/ das sie vor mit den kleidern bedeckt hette/ vnnd sprach: Ob ich mich der Sünden entschuldiget hab / so bin

ich

ich doch der straff nicht entlediget / So sol auch keine nimmer beyspiel von mir nemmen / daß sie in schanden lebe noch vbelthue als ich. Mit diesen worten stach sie das Messer in jhr vnschuldiges Hertz / vnd darauff fallend in Angesicht jres Vatters vnd Mañs endet sie jr lebē. O du vnselige schöne dises Weibs. O du lautere reinigkeit deines gemüts/wer mag dich volloben/ oder so hoch erhöhen als du wol wirdig bist? Niemandt/ deñ der betrachten kan was du gethan hast/ wie groß du Weibliche ehre geachtet hast / wie starck die Ehe inn heiligkeit zuhalten/du geschetzet hast / was straff du deinem Leib/ vmb vermalgung angethan hast / vnd doch dein reines gemüt nie gewencket.

Von den Gemaheln der Jüngling Menie geheissen.

DJe Namen vnd die zal derselbē Frawē seind von alter verschlissen/daß sie nu von den Schreibern nicht benennet seind / vnd [illegible] vnbillich/deñ sie haben durch jre werck [illegible] verdient / daß sie zu dem hocherleuchten [illegible] gesetzt werden. Vnnd so das nei= dig Glückradt das hat lassen vergehen / so sollen sie doch nach vnserem vermö[illegible] vmb jhre löbliche thaten / gezieret / geehrt [illegible] auß vergessikeit / inn gedechtnuß der Nachkom= menden gesetzt werden / vmb jhr verdienen. Wenn die Jüngling seind nicht von dem minsten / sondern dem höchsten Adel der ge= sellschafft Jasonis vnnd der Argonauten / durchleuchtend gewesen. Da dieselben nach der vollbrachten Heerfahrt auß der Insel Colchida / widerumb in Griechenland kom= men waren / verliessen sie jr alte wohnung / vnnd erwehlten jhr wesen bey den Lacede= monen zuhaben. Sie wurden auch nit al= lein von jhnen wol vnnd freundlich empfan= gen / sondern alles gewalts theilhafftig ge= macht / vnd vnter die Regierer des gemeinen [illegible] auffgenommen. Sie waren zu dem [illegible] vast Reich vnnd auch Edel / nit [illegible] Väterlichem Blut / sondern dar= [illegible] auß den obersten Geschlechten

der

der Lacedemonen gemähelt waren / war jr Adel zwyfach erleuchtet / Wenn unter andern hetten sie die schönsten Weiber des Edelsten Lacedemoniorum Bürger geschlechts / das doch Weltlicher zierd mit der minsten geachtet wird. Darzu schlugen sich viel des gemeinen Volcks in jre unterdienst. Das alles bedachten sie nit / jnen von genaden der gemeinen Welt beschehen / sonder umb jhr eigen verdienen / drumb fielen sie in thörliche begierd zuregieren / und unterstunden sich unfürsichtiglich des gewalts des Lands. Umb diese missethat als die geoffenet ward / legten die Gewaltigen sie in harte Gefencknuß / und gaben Urtheil sie zu tödten / als des gemeinen nutzes abgesagten Feind / durch die öbersten Gericht. Nun ward gesetzt solcher Urtheil nachzukommen die nechstkünfftig nacht / nach der alten gewonheit der Lacedemonen. Da das die trawrige Weiber vernamen / giengen sie zu rath / und erdachten [illegible] verurtheilten Männern [illegible] vollbrachten auch mit den [illegible]

doch vnbillich/deñ sie haben durch jre werck
wol verdient/ daß sie zu den hocherleuchten
Frauwen gesetzt werden. Vnnd so das nei-
dig Glückradt das hat lassen vergehen/ so
sollen sie doch nach vnserem vermögen/vmb
jhre löbliche thaten/gezieret/geehrt/vnd auß
vergeßkeit/ inn gedechtnuß der Nachkom-
menden gesetzt werden/ vmb jhr verdienen.
Menie die Jüngling seind nicht von dem
minsten/ sondern dem höchsten Adel der ge-
sellschafft Jasonis vnnd der Argonauten/
durchleuchtend gewesen. Da dieselben nach
der vollbrachten Heerfahrt auß der Insel
Colchida/widerumb in Griechenland kom-
men waren/ verliessen sie jr alte wohnung/
vnnd erwehlten jhr wesen bey den Lacede-
monen zuhaben. Sie wurden auch nit al-
lein von jhnen wol vnnd freundlich empfan-
gen/ sondern alles gewalts theilhafftig ge-
macht/vnd vnter die Regierer des gemeinen
[illegible] auffgenommen. Sie waren zu den-
[illegible]zeiten vast Reich vnnd auch Edel/ nit
allein von Väterlichem Blut/sondern dar-
umb/daß sie auß den obersten Geschlechten

der Lacedemonen gemähelt waren / war jr Adel zwyfach erleuchtet / Wenn vnter andern hetten sie die schönsten Weiber des Edelsten Lacedemoniorum Bürger geschlechts / das doch Weltlicher zierd nit die minsten geachtet wird. Darzu schlugen sich viel des gemeinen Volcks in jre vnterdienst. Das alles bedachten sie nit / jnen von genaden der gemeinen Welt beschehen / sonder vmb jhr eigen verdienen / drumb fielen sie in thörliche begierd zuregieren / vnd vnterstunden sich vnfürsichtiglich des gewalts des Lands. Vmb diese missethat als die geöffnet ward / legten die Gewaltigen sie in harte Gefencknuß / vnnd gaben Vrtheil sie zutödten / als des gemeinen nutzes abgesagten Feind / durch die öbersten Gericht. Vnnd ward gesetzt solcher Vrtheil nachzukommen die nechstkünfftig nacht / nach der alten gewonheit der Lacedemonen. Da das jhre trawrige Weiber vernamen / giengen sie zu rath / vnnd erdachten vnerhörte hülff / jhren verurtheilten Männern zuerzeigen / vnnd vollbrachten auch mit den wercken das sie bedacht hetten. Sie legten an böse Kleider/ verdeckten jhre weinende Angesicht/ vnnd als die Sonn war vntergangen/ kamen sie zu dem Kercker/ jhre sterbende Mann zusehen begerend/ Vnd darumb daß sie die ältesten waren von der Stadt/ ward jhn vielleicht von den Hütern das vergönnt. Da sie aber zu jnen hinein kamen/ vertrieben sie jr zeit nit mit trawren vnd klagen/ sondern sie offenbarten jnen den anschlag/ vñ wechselten jre kleider mit den Männern/ verhülten jre Angesicht nach weibischen sitten/ Also giengen die Jüngling in den Frauwenkleideren weinend/ inn trawriger geberd/ mit geneigten Augen gegen der Erde/ auß der gefenckniß/ darzu jhnen auch die finstere der nacht behülfflich war/ vnd die wirdigkeit der Frawen/ dardurch die Hüter leicht mochten betrogen werden/ daß sie die verdampten zu dem todt außliessen/ vnnd die Frauwen für sie behielten. Diese geschicht warde auch nicht geoffenbart/ so lang biß die Vollender der Vrtheil kamen/ die zutödten die verurtheilet waren/ Erst funden sie die Weiber an

der

der Männer statt im Gefencknuß ligen. Das ist on zweiffel grosse trew der Frawen/ vnnd vberhohe einbrünstige liebe. Vnnd daß ich verschweige/ wie die Hüter der verurtheilten in gespött gesetzt wurden / wie die gefangenen erlößt/ was die gewaltigen darumb erkañten/ vnd was drauß entsprungen sey/wil ich auch ein wenig erzehlen/von den krefften der rechten liebe in der heiligen Gemahlschafft. Vnnd wöllen etliche/ daß auß dem alten Gesatz der Natur (die nicht geendert werden kan) kein grösser neid entspringen mag/denn auß vneinigkeit der Ehegemecht/vnd herwiderumb/mag grössere liebe nicht gefunden werden / denn der freundlichen einhelligen Gemahelschafft / Denn das fewer der vernunfft brennet nicht auff vnsinn/ sonder es wermet auff wolgefallen/ vnnd verbindet die Hertzen also zusammen/ daß sie allweg in gleicher weiß wöllen vnnd entwöllen / vnnd wenn die Leibliche gewonheit darzwischen kompt/ so leßt sie nichts vnter wegen / dauon sie gantz bleiben / vnnd gekrefftiget werden mag/ Sie thut nichts

treglich/

treglich/sonder allweg schnell / vnnd vnuerdrossen/ vnnd ob sich etwann widerwertigkeit begeben / so erbeut sie sich vngebetten müh/arbeit vnd kümmernuß vmb hülfflich räth zuleiden. Dieselb gefellig/süsse vnnd bewerte lieb zwischen den Gemaheln Menarum/ bezwang jhr gemüt/daß sie solche gescheide hohe list erdachten/da jre Männer in sorgen waren/die sunst nicht möchten gesehen haben/mit ordnung der kleider/mit faren der rechten zeit/ vñ mit aller fürbetrachtung/daß sie die gesehenden Hüter blenden möchten. Darumb legten sie hin alle wollust vnnd freud/vnnd brauchten jhre hohe vernunfft/gedencken von innerkeit des hertzen/ nichts vnuersucht vmb Heyl des freundes zulassen seyn/ darumb sich gütigkeit aufferhub in jhrem gemüt/ durch die sie trutzlich jhre Mann versuchten zuerledigen/daß sie durch getreuwe gantze Gemahlschafft gefreiet wurden / vnnd mit dem Leben wider begabt/ die durch das öberst Gericht waren verurtheilt/die hart in dem Kercker lagen/ die da verlassen wurden/ die nuh den Henden der Nachrichter waren befolhen/vnnd das aller grössest/daß der öberste gewalt dardurch geschmecht warde / all Gesatz verachtet / vnnd der will der gantzen gemein durch sie verhindert vnnd vernichtet/vnnd daß sie jhre Männer erledigten/legten sie sich selber in die tödtliche sorg/ in den gewalt der verspotten vnnd verachten / Jch kan nit gnug verwundern von der grossen trew / vnnd so gantzer lieb / das erkenn darbey/ denn were die liebe klein vnnd kalt in jhnen gewesen/ sie möchten wol vnnd vngestrafft mit gutem glimpff daheim blieben seyn / daß sie solche ding nicht versucht hetten. Aber daß ich viel mit wenig worten beschließ / so mag ich sie wol mannlich / keck / vnnd ware Mann nennen/vnnd die Jüngling Weiber heissen/in der gestalt sie auch außgiengen / vnnd erlößt wurden.

doch vnbillich/deñ sie haben durch jre werck wol verdient/daß sie zu den hocherleuchten Frauwen gesetzt werden. Vnnd so das neidig Glückradt das hat lassen vergehen/ so sollen sie doch nach vnserem vermögen/vmb jhre löbliche thaten/gezieret/geehrt/vnd auß vergeßkeit/inn gedechtnuß der Nachkommenden gesetzt werden/vmb jhr verdienen. Menie die Jüngling seind nicht von dem minsten/sondern dem höchsten Adel der gesellschafft Jasonis vnnd der Argonauten/durchleuchtend gewesen. Da dieselben nach der vollbrachten Heerfahrt auß der Insel Colchida/widerumb in Griechenland kommen waren/verliessen sie jr alte wohnung/vnnd erwehlten jhr wesen bey den Lacedemonen zuhaben. Sie wurden auch nit allein von jhnen wol vnnd freundlich empfangen/sondern alles gewalts theilhafftig gemacht/vnd vnter die Regierer des gemeinen Nutzs auffgenommen. Sie waren zu denselben zeiten vast Reich vnnd auch Edel/nit allein von Väterlichem Blut/sondern darumb/daß sie auß den obersten Geschlechten

 der

der Lacedemonen gemähelt waren / war jr Adel zwyfach erleuchtet / Wenn vnter andern hetten sie die schönsten Weiber des Edelsten Lacedemoniorum Bürger geschlechts / das doch Weltlicher zierd nit die minsten geachtet wird. Darzu schlugen sich viel des gemeinen Volcks in jre vnterdienst. Das alles bedachten sie nit / jnen von genaden der gemeinen Welt beschehen / sonder vmb jhr eigen verdienen / drumb fielen sie in thörliche begierd zuregieren / vnd vnterstunden sich vnfürsichtiglich des gewalts des Lands. Vmb diese missethat als die geöffnet ward / legten die Gewaltigen sie in harte Gefencknuß / vnnd gaben Vrtheil sie zutödten / als des gemeinen nutzes abgesagten Feind / durch die obersten Gericht. Vnnd ward gesetzt solcher Vrtheil nachzukommen die nechstkünfftig nacht / nach der alten gewonheit der Lacedemonen. Da das jhre trawrige Weiber vernamen / giengen sie zu rath / vnnd erdachten vnerhörte hülff / jhren verurtheilten Männern zuerzeigen / vnnd vollbrachten auch mit den wercken das sie bedacht hetten. Sie legten an böse Kleider/ verdeckten jhre weinende Angesicht/ vnnd als die Sonn war vntergangen/ kamen sie zu dem Kercker/ jhre sterbende Mann zusehen begerend/ Vnd darumb daß sie dieältesten waren von der Stadt/ ward jhn vielleicht von den Hütern das vergönnt. Da sie aber zu jnen hinein kamen/ vertrieben sie jr zeit nit mit trawren vnd klagen/ sondern sie offenbarten jnen den anschlag/ vn̄ wechselten jre kleider mit den Männern/ verhülten jre Angesicht nach weibischen sitten/ Also giengen die Jüngling in den Frauwenkleideren weinend/ inn trawriger geberd/ mit geneigten Augen gegen der Erdē/ auß der gefencknuß/ darzu jhnen auch die finstere der nacht behülfflich war/ vnd die wirdigkeit der Frawen/ dardurch die Hüter leicht mochten betrogen werden/ daß sie die verdampten zu dem todt außliessen/ vnnd die Frauwen für sie behielten. Diese geschicht warde auch nicht geoffenbart/ so lang biß die Vollender der Vrtheil kamen/ die zutödten die verurtheilet waren/ Erst funden sie die Weiber an der Männer statt im Gefencknuß ligen. Das ist on zweiffel grosse trew der Frawen/ vnnd vberhohe einbrünstige liebe. Vnnd daß ich verschweige/ wie die Hüter der verurtheilten in gespött gesetzt wurden/ wie die gefangenen erlößt/ was die gewaltigen darvmb erkanten/ vnd was drauß entsprungen sey/wil ich auch ein wenig erzehlen/von den krefften der rechten liebe in der heiligen Gemahlschafft. Vnnd wöllen etliche/ daß auß dem alten Gesatz der Natur (die nicht geendert werden kan) kein grösser neid entspringen mag/denn auß vneinigkeit der Ehegemecht/vnd herwiderumb/mag grössere liebe nicht gefunden werden/ denn der freundlichen einhelligen Gemahelschafft/ Denn das fewer der vernunfft brennet nicht auff vnsinn/ sonder es wermet auff wolgefallen/ vnnd verbindet die Hertzen also zusammen/ daß sie allweg in gleicher weiß wöllen vnnd entwöllen/ vnnd wenn die Leibliche gewonheit darzwischen kompt/ so leßt sie nichts vnter wegen/ dauon sie gantz bleiben/ vnnd gekrefftiget werden mag/ Sie thut nichts

treglich/

treglich/sonder allweg schnell / vnnd vnuerdrossen/ vnnd ob sich etwann widerwertigkeit begeben / so erbeut sie sich vngebetten müh/arbeit vnd kümmernuß vmb hülfflich räth zuleiden. Dieselb gefellig/süsse vnnd bewerte lieb zwischen den Gemaheln Meniarum/ bezwang jhr gemüt/daß sie solche gescheide hohe list erdachten/da jre Männer in sorgen waren/die sunst nicht möchten gesehen haben/mit ordnung der kleider/mit faren der rechten zeit/ vñ mit aller fürbetrachtung/daß sie die gesehenden Hüter blenden möchten. Darumb legten sie hin alle wollust vnnd freud / vnnd brauchten jhre hohe vernunfft / gedencken von innerkeit des hertzen/ nichts vnuersucht vmb Heyl des freundes zulassen seyn/ darumb sich gütigkeit auffer hub in jhrem gemüt / durch die sie trutzlich jhre Mann versuchten zuerledigen/daß sie durch getreuwe gantze Gemahlschafft gefreiet wurden / vnnd mit dem Leben wider begabt/ die durch das öberst Gericht waren verurtheilt / die hart in dem Kercker lagen/ die da verlassen wurden/ die nuh den Hen-

den

den der Nachrichter waren befolhen/vnnd das aller grössest/daß der öberste gewalt dardurch geschmecht warde / all Gesatz verachtet / vnnd der will der gantzen gemein durch sie verhindert vnnd vernichtet/vnnd daß sie jhre Männer erledigten/legten sie sich selber in die tödtliche sorg/ in den gewalt der verspotten vnnd verachten / Jch kan nit gnug verwundern von der grossen trew / vnnd so gantzer lieb / das erkenn darbey/ denn were die liebe klein vnnd kalt in jhnen gewesen/ sie möchten wol vnnd vngestrafft mit gutem glimpff daheim blieben seyn / daß sie solche ding nicht versucht hetten. Aber daß ich viel mit wenig worten beschließ / so mag ich sie wol mannlich / keck / vnnd ware Mann nennen/vnnd die Jüngling Weiber heissen/in der gestalt sie auch außgiengen / vnnd erlößt wurden.

Von

Von Penelope Vlissis gemahl.

PEnelope des Königs Icari Tochter/ vñ Vlissis des streñgesten Ritters Gemahel/ vnuermalgter zierde vnnd gantzer keuschheit/ ist den erbarn Weibern ein heiligs beyzeichen in ewigkeit gewesen. Derselben Frauwen stetigkeit ist hert iglich vnnd langezeit von vngefell versucht wordẽ/ doch one fürgang der bittenden. Denn in jhrer jugend/ vñ jr wunnigkliche schöne dem Vatter vber lieb gehabte/ ward sie Vlissi vermähelt. Vnd zu den zeiten als die Griechen inn Troiam zogen/ Ilium zugewinnen/ gebar sie jm einen Son/ Telemachum geneñt. Zuhand darnach warde Vlisses in dẽ krieg berüfft/ vnnd eins theils darzu bezwungen/ darumb er Penelopem vnd das klein Kindt bey seinem Vatter Laerte vnd seiner Mutter Anticlia genannt/ verliesse. In den Jaren als sie vor der Stadt lagen/ erlitte sie vber den zehenjärigen Witwenstath mit viel vngemachs. Aber nach dẽ/ als die Stadt

Ilium

Ilium in Troia gelegen/zerstöret war/vñ die Fürsten vnnd Herren widerumb auff dem Meer farend/jres lands begerten/ward ein gemein geschrey/wie etliche Schiff der öbersten Herren von dem vngewitter an die Felsen getriben/allda zerknütst weren. Etliche in andere Land weit geworffen/etliche gantz mit Leib vnnd Gut versenckt/etliche (doch gar wenig) wider zuland kommen/ Aber von Vlissis vnd seiner Gesellen schiffung/wohin die kommen weren/wuste niemand nichts zusagen. Vnnd nach langem wartẽ von den zweifflenden/wohin er kommen were/ward er todt geschetzet/ darumb sein Mutter Anticlia in solch trawren/leyd vnnd vnmut gesetzt ward/daß sie sich selber/solchem schmertzen ende zumachen/an einen strick erhenckt. Aber Penelope/wiewol sie das abwesen jhres Manns schwehrlich trug in jhrem Hertzen/doch ward sie mehr gepeinigt von den sorgen daß er etwañ eins vbeln todts gestorben were / Vnnd als sie nach manigfaltigem weinen vnd rüffen erkeñen ward/daß alles vnzimlich vñ on hoff-

nung

nung beschehen / festiget sie jhr gemüt zwi-
schen jhrem alten Schweher Laertem / vnd
dem Sohn Telemacho / jhren Wittwenstul
inn ewigkeit keusch vnnd rein zubeschirmen
on alles wencken / Doch in fürgehender zeit
wurde jhr löblichs wesen / jhr vbergrosse
schöne / bewerten Sitten / jhr hoher Adel /
manigfaltige tugend / viel der edlen Jüng-
ling auß Itachia vnnd Cephalonia vnnd
Etholia bewegen zu jrer begierlichkeit / von
denen sie stetigs bekümmert / gereitzt vnd an-
gelangt ward / vnd je minder hoffnung war zu
dem leben Vlyssis / jhe grösser ward das bit-
ten vmb sie. So viel / daß der alt Laertes der-
selben Buler vngestümme lenger nicht ge-
sehen mocht / vnnd zog in das Dorff die zu-
vermeiden / Zuhand besassen sie den Saal
Vlyssis / vnnd liessen nicht von dem ste-
ten werben vnd bulen jeder nach seinem ver-
mögen / daß er sie zum Weib gehabt möcht.
Als aber die Fraw besorgt daß jr gewalt an
jrem heiligen fürnemmen beschehe / vnd kei-
nen weg verziehens oder versagens finden
mocht nach jrem begeren / bedachte sie durch
Gött-

vngestümmen Jüngling lenger auffenthielt/ vnd begeret viel zu sagen von den reitzenden Werbern / daß sie jhres Mañs vor so lang noch warten möchte / daß sie das Wepp / das sie vnter handen hette / nach Königlicher gewonheit / voll außbereytet. Da jhr die Edlen Jüngling das leicht vergönneten/ alles das sie mit embsigem fleiß den gantzen tag hett gewircket / das thet sie in listigkeit (die Jüngling zu verziehen) deß nachts wider auff. Mit dem vergienge so viel zeit / daß sie viel Guts deß Vlyssis in seinem Saal verthеten/ mit dem stäten zehren vnnd wolleben/ vnnd jhr dennoch nicht mocht behülfflich seyn/ wenn sie wußte fürbaß keinen weg jhnen zu entrinnen. Da geschach von der Gottes gütigkeit/ daß Vlysses kam gefaren auß dem Königreich Phenicum nach dem zwentzigsten jar seiner hinfart/ menniglichem vnbekandt / vnnd gieng eynig in sein Land Itachiam/ vnnd fragte die Hirten alle gestalt vnd wesen seines Landes. Er gieng in Bettlers weiß / darumb er von Barmhertzigkeit von einem alten

Mann Sibotes geheissen/ der ettwan sein Pförtner war gewesen/ gar schön empfangen ward/ vnd aller sachen seines Landes wesen gantz vnderrichtet. In dem füget sich vngefährlich/ daß er seinen Sohn Telemachum/ von dem König Menelao reitend/ ersahe/ den er durch den Pförtner erkennet/ den berüffte er/ vnnd offenbarte jhm alle heimligkeit/ vnd was zuthun seine meinung were/ Also ward er heimlich vnbekandt von Sibote in sein Land vnnd Saal geführet. Vnd als er sahe wie die Buler sein Gut also vertheten/ vnd vnnützlich verzehrten/ vnd wie Penelope jhrem reitzen so krefftiglich begerte widerstandt zuthun/ ward er grimmiglich wider sie beweget/ vnd mit hülff seines alten Sibotes/ vnd Philicie seines Hirten/ vnd Telemachi seines Sohns/ nach beschliessen der thüren seines Saals/ vnderstunde er die Jüngling zu tödten/ als die ob dem Tisch sassen/ vnd in freuden lebten. Da ward von jhnen erschlagen Eurimachus/ der Sohn Polibi/ Anthinous der Sohn Amphionis/ Crisippus von Samia/ Agelaus

laus vnd andere/ deren keinen er/ nach manichfaltigem bitten begnaden wolt/ Er ließ auch Melantheum seinen Geyßhirten ertödten/ vnd alle die Frawen vnd Mann / die den Feinden gegen der Frauwen beystandt gethan / oder mit jhnen freud vnnd wollust gepflegt hetten/ Damit er seine liebe Penelopen auß angst vnd sorgen der Buler erlediget/ die jhn erst zuletzt nach dieser geschicht doch hart erkennet/ vñ mit grossen freuden/ hohen Ehren vnnd wirdigkeit/ lieblich jhn empfienge. Darumb sie zu ewigen zeiten durch jr so lang vnd offt versuchte behaltene reinigkeit in gedechtnuß der Menschen tieff geschriben ist/ zu vnderweisung der andern Wittwen. Wiewol sie Licophon ein newer Griechischer Poet/ in seinem gedicht etwas beschüldigt/ doch werden jhr die massen vnbillich angestrichen / Denn vnglaublich ists/ daß sich ein solche lang in ehren bewehrte Frauw leicht verführen lasse.

Von der Haußfrauwen Orgiagontis.

WJewol der eygen Name dieser Frawen/ die gewesen ist ein Gemahel deß Königs Orgiagontis in Gallengriechen / vns ist vnwissend/ dennoch würde jhr Durchleuchtigkeit vmb die grosse That vnnd Rach der letzung jhres reinen gemüts / vnbillich vergessen/ so doch jre tugend vnd stercke deß gemüts/ vnter jhres Manns namen/ wol mögen beschrieben werden. Denn zu den zeiten/ als der groß Antiochus / ein König in gantzem Asia vnd Syria/ von den Römern durch Scipionem Asiaticum vberwunden war / vnd nun dem öbersten Römer Cneo Manlio vbergeben / ließ derselbe Manlius das grosse Heer der Römer nicht gern müssig ligen/ vnd zoge vber die Freysamen Gallogrecos/ vnd vberwandt sie so krefftiglich/ daß sie sich ergaben/ vnd jhn für ein Herren erkandten/ doch welche entrinnen mochten/ flohen in die Wildtnuß vnd hohe Gebirg/

sich zu bewaren / aber sie wurden darab getrieben / vnnd ein vbergrosse menge gefangen / von Männern vnd Frawen / vnter denen auch die Königin begriffen ward. Als aber der gefangnen Hauptmañ vom Manlio gesetzt / die schöne vnnd blüende jugendt der Königin vermerckt / ward er in vnordentlicher liebe entzündet / so sehr / daß er der Römischen Erbarkeit gar vergessen hette / vñ die Königin mit nothzwang leiblich erkennet / darumb sie so sehr beschwert / vnd in jhrem hertzen so größlich bekümmert ward / daß sie allezeit mehr bedacht das vbel zurechen / denn sich vom Gefengknuß zu entledigen / doch wartet sie gelegenheit der zeit / das zu vollbringen. Da aber das Gelt / die Gefangenen zu erledigen kommen war / wurde sie erhitziget / vnnd der zorn vnter dem keuschen hertzen der Frauwen erneuwert / Vnd als sie nun von den Banden erledigt war / betrachtet sie den weg der Rach / vnd gienge mit den jhren auff ein ort / vnd gebot jhnen / nach jhrer Sprach / den Römern vnkündig / so bald der Hauptmann zahlung deß gelts begerte/vnd nun sein gemůt vnnd Augen auff das Goldt gesetzt hatte / daß sie jhn von stundan tödten/vñ sein Haupt abschneiden solten/das auch alles nach jrem anschlag vollbracht ward. Zuhandt nam sie das Haupt in jhre schoß / vnd fuhre hinweg mit glück nach jhrer zeitigen vorbetrachtung. Vnnd als sie heim für das angesicht jhres Mannes kom̃en war/ vnd jhm alle schmach/ jhr angelegt/erzehlet/warff sie für seine füß was sie in jhrer schoß gebracht hette / vnnd sprach: Herr sihe an den lohn der schmachheit/ vñ entschuldigung Weiblicher scham vnd reinigkeit deß gemůts. Welcher wolte die nicht allein loben vnter andern Römern/ sondern auch an den spitz zu Lucretiam setzen. Der Kercker stund noch vor jhr/ vnnd die Ketten / die tödtlichen Waffen waren vmb sie/ daß sie mehr gedacht die Rach der vermahelung deß Leibs/den die erledigung auß der Gefengknuß/so viel ob sie wol besorgen müßt/wider in die Ketten geschlossen zu werden/wider gefangen/ in den Kercker gestossen/auch jhren kopff dem Schwerdt bereiten/

reiten/dennoch stellet das Weib jhr Erbar mannlichs gemüt in so grosse krafft / daß sie jhren Dienern festiglich befahle / die Vbelthat so jhr beschehen/an dem Nothzwinger zu rechen. Wo möchtestu freudigern Menschen / mannlichern Fürsten/ hertern Richter vber die Vbelthäter jmmer finden? Sie wolt aber lieber gefangen werden / vnd den todt erleiden/denn in vngerochner schmachheit wider zu jhrem Mann kehren. Sie vermeynet auch jhren vermahelten Leib mit nichts denn durch grosse thaten wider zu entschüldigen / vnnd reinigkeit deß gemüts zu erzeigen / denn dardurch wirdt Weibliche zucht vnd ehr behalten / vnnd die verloren widerbracht/also wirdt reinem gemüt zeugnuß geben. Daran sollen die Frauwen sehen / die die reinigkeit jhres gemüts befestigen wöllen. Denn es ist nicht gnug reinigkeit deß hertzens mit zähern/ schreyen vnnd klagen zu bezeugen/vnd mit worten gelittenen gewalt erzeigen/ sondern auch wenn es möglich were/ die Rach vollbringen.

Wie der weiß Meister Cato in seinem Todbett lag/ seinen Sohn lehret vnnd vnterrichtet/ wie er sich weißlich vnd wol nach seinem tod halten soll.

NV wil ich euch sagen von dem grossen Meister Cato / der so weiß war / daß er die gantze Stadt zu Rom regiert / vnnd viel hübscher lehren thet/ die noch in grosser gedechtnuß seind. Derselbig Cato hatte einen Sohn / vnd als er nun in seinem Todbett lage/ benandt er jhn Catonet/ vñ sprach zu jhm also: Mein lieber Sohn/ ich hab nun mehr lange zeit gelebt / vnnd ist nun jetzt an dem/ daß ich die Welt/ die da gar hart ist zu erkennen / muß verlassen / welche sich auch/ meins bedünckens / von tag zu tag thut bösern / Deßhalb mein lieber Sohn/ ich gern wolt dein Regiment gut / Gott vnd deinen Freunden annemlich were/ vñ dir in schrifft auff solches viel hübscher vnterrichtung geben/ die dir wol nutzen mögen / so ferr du die in gedechtnuß wilt behalten / Nun hab ich mich seither vnnd erst jetzt weiter bedacht/ dreyer stücken/die ich dir sagen/ vñ dich sonders bitten wil/die zubehalten. Das erst ist/ daß du von deinem Oberherrn kein Ampt annemmen solt/ob du anders dich sonst ehrlich außbringen magst / denn mit einem guten genügen hast du alsgnug nach deinem standt/als ein König oder Keyser/ Darumb solt du dich nicht vnterwürfflich machen/ das deine durch ein böse Red oder falsch verklaffen zu verlieren / Denn die Herren gar mancherley sitten seind / vnnd leichtes glaubens. Das ander ist / daß du keinen Mann der den Todt verdienet hat/ abkauffen oder ledig machen solt / Denn alles deß vbels so er darnach thete/werestu theilhafftig. Das dritt ist/daß du deine Haußfrauw wol versuchest / ob sie deine heimligkeit wol verschweigen möchte/ oder nit/ sonderlich was dein ehr berüren mag/ Denn es seind etliche Frawen die gar wol verhälen/vnd dazu guten rhat geben können / so seind denn andere die nichts verschweigen können / was man jhnen sagt. Solche drey lehren gab Cato seinem Sohn. Da nun der gut Mañ starb/ hielt sich sein Sohn der massen/ daß jhm der Keyser seinen einigen Sohn zu ziehen gab/ Vnd darzu mit jm reden ließ/ daß er bey jm seyn/ vnnd die grösten gescheffi der Römer außrichten wolt/ also ward er durch geitz der massen bewegt/ daß er solches Ampt auffnam/ vnd der gebott seines Vatters ward vergessen.

Wie Catonis Son zu Rom durch die Stadt reit mit grosser gesellschafft/ vnd jm ein Vbelthäter begegnet/ den man außfüren vnd hencken wolt/ vnd er jhn vom tod erlöset.

VND als er nun in demselben Ampt angestanden war/ reit er zu Rom durch der meisterin gassen/ mit viel Leuten/ so bringet man ein Vbelthäter/ vnd wolt jhn außführen zuhencken/ Sprach ein Mañ zu Catone:

tone: Durch den eingang ewers Ampts/ gebürt euch gar wol diesen Mann zu erlösen. Du sagst war/ sprach er/ vñ vngefragter gestalt seines gehandelten vbels/ thet er jn von dem Gericht entledigen/ vnd ließ jhn lauffen/ Das doch zu schnell war/ vnnd gedacht wenig an die gebott seines Vatters. Da es nun nacht ward/ vnd er seinen ersten schlaff hatt vollendet/ fiel jhm erst zu wie er zwey stück der lehre seines Vatters hett gebrochen/ vnd redt mit jhm selbs/ wie er das dritte auch wolt versuchen/ ob sein Weib etwas grosser heimligkeit verschweigen möchte/ oder nicht/ Vnd wartet also biß sein Weib erwacht/ da sprach er zu jr: Mein liebe Haußfrauw/ ich sagt euch gern ein grosse sach/ die mir angelegen ist/ wenn ich wüßte/ daß jr die verschweigen woltet. Da antwort sie jhm: Mein lieber Herr/ ich wolt viel lieber todt seyn/ denn jemand etwas daruon sagen. Ach sprach er: Liebe Haußfrauw/ ich kan euch nichts verhälen/ Es hat sich deß andern tages begeben/ als ich in vnser Hauß gieng/ vñ mir deß Keysers son/ der mir in mein hut gegeben

geben ist/ so viel böser mißfelliger wort gab/ daß ich (nach dem ich wol getruncken hatt) vber jhn ward erzürnet/ daß ich jhn zu tod schlug/ vnnd das hertz auß jhm genommen/ das zu einer guten Speiß zurichten lassen/ vnd das dem Keyser vnnd der Keyserin zu essen geschickt hab/ daß mich jetzt schwerlich rhewet/ vnd aber leyder zu spat ist/ Darumb bitt ich euch solchs niemand zu öffnen. Darvon die Frauw schwerlich erseufftzet/ vnnd sprach/ dieweil sich denn vnglück also geschickt hette/ wolt sie es keinem Menschen nimmermehr sagen. Als es aber tag ward/ schickte sie nach einer Jungfrauwen in der Stadt/ die jhr gespiel war/ Vnd da die zu jhr kam/ hub sie kläglich an zu seufftzen/ dermassen/ daß die ander zu jr sprach: Mein Frauw/ was ist euch angelegen/ denn ich merck jr habt etwas betrübnuß in ewerem hertzen? Ach mein gespiel/ sagt sie/ das habe ich warlich/ Aber ehe wolt ich sterben/ denn daß ich es jemand wissen ließ. Haha sprach die Jungfrauw/ bey meinen trewen Frauw/ die wer nicht wol bey sinnen/ die ewer heimligkeit

ligkeit außbrechte/ wenn jhr die in treuwen jhr sagtet/ vnnd wenn jhr mirs entdecktet/ wolt ich mir ehe beyde Augen lassen außstechen/ ehe denn ich es sagen wolte. Ist das war/ sagt die Frauw/ mag ich euch das fürwar vertrauwen/ Ja sagt sie bey meinem glauben/ Auff das legt sie jhr für alles das/ was jhr Herr jhr gesagt hatte/ darab sich die Jungfrauw gröߟlich segnet/ vnd sprach/ sie wolt es wol verschweigen/ Aber so bald sie von jhr kam/ lieff sie an deß Keysers Hof für die Keyserin/ vnd kniet für sie nider/ vnd sprach: Mein gnedige Frauw/ ich hab etwas mit euch zuredẽ/ hub an vñ sagt: Fraw/ die grosse liebe die jhr mir gethan habt/ machet mich hieher zukommen/ vnnd ist das die vrsach/ Jr wisset daß jhr vñ der Keyser Catonet lieber habt gehabt/ deñ sonst niemandt anders/ vnd jhm nach erzeigung grosser liebe ewern Sohn zu verwahren gegeben/ den hat er nun ertödtet/ vnd sein hertz auß jhm genommen/ vnd euch da in einer gewürtzten Speiß zu essen geben. Was saget jhr/ antwort die Keyserin. Bey meinen treuwen/ sprach

sprach die Jungfrauw/ ich sage euch war/ denn sein eigene Haußfrauw hat es mir gesagt. Da die Keyserin hört/ daß solchs warlich also seyn solte/ fieng sie so kläglichen an zu schreyen/ daß es ein erbärmd war solchs zu hören/ vnd da es der Keyser innen ward/ emfieng er vnmässiglichen grossen schrecken darab/ vnd fragt/ warumb das were? Da erzehlt sie jm gentzlichen/ was jhr die Jungfrauw in treuwen gesagt hatt.

Wie der Keyser Catonet fahen ließ vnd in ein Kercker legt/ deß willens jn hencken zu lassen.

DA solches der Keyser hört/ vnd in sonderheit/ daß sie das hertz jhres Sohns solten gessen haben/ ward er gar betrübt/ vnnd gebot daß man Catonet hencken solt vil höher denn andere/ Auff das ward er gefangen/ vnd jhm gesagt/ was der Keyser hett gebotten/ das were von seines Sohns wegen/ den er getödt hette. Also sprach Catonet zu jhnen:

Jhnen: Lieben Herrn/es ist nicht not daß alles das war sey/was man sagt/ Leget mich ins gefengknuß/vnd saget/es sey diß tags zu spat/vnd man morgen ein verbañt Gericht halte vor allem Volck/das ist viel besser deñ also. Das theten sie/vnd sagtens dem Keyser/daß es morgen viel ehrlicher wer zugeschehen vor allem Volck/denn auff den tag/ das verwilligt also der Keyser. Nun als man Catonet ins gefengknuß führt/ berüfft er einen von seinen Edlen/vnd sprach zu jm: Wiß daß der Keyser nit anders meynt/ deñ dz ich jm hab sein son ertödt/dẽ ich verwaren sol/ gehe hin vnd such jn an eim solchen endt/

vnd

vnd führe jhn hieher zu mir zu Prim zeit/ oder ich werde in sorgen seyn deß tods. Derselb Edelmann war nun gar fleissig/ daß er so schnelliglichen reit/ daß er vmb Mitternacht dahin kam/ da denn deß Keysers sohn war/ in eines freyen Herren Hauß/ daselbst er so ernstlich rufft vnnd anklopfft/ daß der Herr im Hauß erwachet/ vnd vernemmen ward/ wie daß man Catonet morgens hencken solte/ daruon der Herr sehr erschrack/ in dem ward deß Keysers Son erwachen/ vnd alle andere/ vnnd vername auch den handel/ deß er groß leyd empfieng/ vnd sich zurichtet seinen Meister zu erretten von dem tod/ Derselb war auß dermassen lieb gehabt zu Rom/ denn er weiß/ demütig vnnd züchtig war. Da es morgen ward/ bat er seiner Freunde einen/ die Hencker zu behalten biß zur Tertz zeit/ das thet er. Als es nun vmb Prim zeit/ wurde er zu dem Galgen geführet/ das alle menniglich beweinet/ vnd noch mehr beweinend/ wenn sie sein vnschuld gewißt hetten/ vñ ward sich jederman solcher thaten verwundern/ Da ward man nach

den

den Henckern fragen / aber sie waren alle verborgen.

Wie Catonet an den Galgen geführt ward / da er solt gehenckt seyn worden / vnd aber deß Keysers Sohn kam mit vil Leuten / jhn nam vnd hin weg führte.

ES kam also dazu / daß der / den Catonet võ tod erledigt hatte / herfür trate / vnd sprach: Die sach die dieser gethan hat / ist so schnöd vnd böß / daß ich mich dem Keyser zu lieb geben wil diß Ampt zu thun / ob sonst niemand ist der es thun wil. Sehet sprachen die Leute / ist das nicht der den Catonet vom tod erlediget hat? Ja sprachen die andern / Er ist es. Da sprachen sie alle: Der ist wol ein vnweiser von recht / der ein Vbeltheter vom tod erlediget. Also sprach Catonet zu jhm: Du gedenckest gar wenig der vergangenen zeit. Mit den reden sahen sie gar ein grossen staub von Pferden / vnd hörten einen mit lauter stim̃ schreyen: Halt/ halt/ nicht tödte den frommen Mann/ vñ rannte deß Keysers Sohn daher auff einem baldlauffendẽ Pferd/ so sehr als er mocht/ sprechend/ nicht berhüret mir meinen Meister Catonet/ denn ich bin noch im leben/ In dem lehnet sich der Knab auff sein Rossz/ vnd entbande seinen Meister gar tugendtlich zu jhm sagend: Mein besonder lieber Freundt vnnd Meister/ wer hat euch hiezu bracht/ oder warumb hat mein Herr vnd Vatter so leichtiglichen glaubt? Damit vmbfieng er jhn. Da das Volck das ersahe/ wurden sie gröszlichen erfreuwet/ vnd lobten Gott von gantzem hertzen. Also thet der Knab Catonet auff ein Pferd setzen/ vnd führt das bey seinem Zaum durch die Stadt biß in deß Keysers Pallast/ Vnd als der Keyser vnd die Keyserin die zukunfft jhres Sohns erhörten/ lieffen sie gegen jhm/ vnd sahen wie er Catonet bey seinem zaum mit jm führte/ vnd erschracken sehr darab/ vnd schämeten sich vor jhm/ doch thaten sie jm grosse freud vnd ehrerbieten/ vnd entschüldigten sich gegew gen jm. Da sprach der sohn: O mein Herr Vatter/ wie woltet jr so strengs Gericht gethan haben/ on erfarung der sach/ deñ hettet jr jn also vnschuldig ertödtet/ nemmet war was erbärmbd es were/ denn was ich hab ist sein. Da sprach der Keyser: Lieber sohn/ das hat anders nichts geursacht/ denn die grosse lieb so wir zu euch haben/ das hat vns vnsere liebe also geblendet.

Wie Catonet dem Keyser vnd allem Volck sagt/ wie er darzu kommen were/ daß er gehenckt worden seyn solt.

Auff das hub Catonet an vnnd sagt/ Nicht laßt euch diese ding verwundern/ denn ich wil euch sagen wie es sich begeben hat/ Jr wisset daß ich hab gehabt einen Vatter/ den weissesten/ der da war bey seinen zeiten/ der hat mir viel guter lehre gegeben/ wenn ich denen geglaubt hett/ wer ich witzig gewesen. Nun zuletzt an seinem Todbett hat er mich berüfft/ vnd mir gesagt drey stück / die ich vor andern allen Lehren solt behalten/ in künfftige zeit/ wie mir die denn auch begegnet seindt: Am ersten so sagt er mir / ob mir Gott ein außkommende gnügliche narung verliehe / daß ich jhm darumb dancksagen/ vnnd in der Welt nicht mehr begeren solt/ besonder mich in kein Ampt verpflicht noch vnterwürffe gegen meinem Obersten Herren/ Denn vmb wenig Guts vnd geitzs willen / möcht ich durch falsche verschwetzung wol mich vnd das meine verlieren / denn es were ein groß ding vmb ein Herren / der da were eins leichten willens/ derselbe erführe nicht allweg grundt vnd warheit der sachen/ die jhm zu verstehen geben würden/ sondern sie theten schnelle Gebott / als jhr denn deß ein Exempel gesehen habt / das mir schnödiglichen geschehen seyn solt / daß mir aber nicht begegnet wer/ wenn ich meinem Vatter geglaubet heite/ denn Gott sey gelobt/ ich hab zeitlichs Guts mehr denn ich verdienet hab/ Deßhalb ich mich eins Ampts wol hett mögen vberhebē. Das ander/ daß ich kein

Mañ

Mañ der dē todt verdienet hett/wider kauf-
fen oder ledig machen solt / deñ thet ich das/
so würde ich theilhafftig alls vbels/ so er hin-
furt thun würde / vnd würde mich der alle
sein tag nimmer lieb haben/ Dasselb Gebot
hab ich auch gebrochen an dem/ der sich heu-
te erbotten gehabt hat mich zuhencken/ denn
ich den von dem tod hab erlößt. Das dritte
ist/ daß ich mein Haußfraw wol versuchen
solt/ ehe denn ich jhr mein heimligkeit öffne-
te/ob sie die verschweigen möchte oder nicht/
denn etliche seind die da gar wol verschwei-
gen/ vñ etliche die es gar nicht thun mögen/
Bedacht ich deß andern tages an meinem
Bett/ daß ich die zwey gebott meines Vat-
ters vbergangen hette / vnd das dritt auch
versuchen wölte/ vnd sagt zu meiner Hauß-
frawen/ ich hette deß Keysers Sohn ertödt/
vnd sein hertz jhm vnd der Keyserin zu essen
geben / sie vmb aller liebe willen/ so wir zu-
sammen hetten/ bittend/ das niemand zu sa-
gen/ die hab ich nun wol bewerth/ wie wol sie
verschweigt/ deß ich mich doch nit verwun-
dere/ denn es nicht ein neuw ding/ daß Frau-

wen nichts verschweigen mögen/das so man jhnen in geheim saget/so doch jhr natur darauff geneigt ist/ Vnd die/ die jhres Manns heimligkeit verhälet/ist wol für weiß zu achten. Damit so habt jhr gehört/warumb vnd auß was vrsach ich also gefangen worden bin/ vnd ob ich witzig wer gewesen/den Gebotten meines Vatters wol anders gefolget hette/der doch so ein weiser Mañ gewesen ist. Vnd sprach darauff zum Keyser/ Herr ich entlade mich jetzt ewers Ampts/ denn ich wil fort vnterstehen den Gebotten meines Vatters zugeleben. Das mocht er kümmerlich erlangen/jedoch so bleib er Meister deß Rhats zu Rom/ vnnd gab jhm der Keyser gar viel nützlicher gaben/ vnd hatt jhn lieb für alle andere. Also regiert er gar seliglich gegen Gott vñ der Welt. Darumb lieben Töchter/ so ist diß ein gut Exempel/ wie jhr verschweigen sollet die heimligkeit euwerer Männer/ denn durch öffnung desselben viel vbels/ vñ auß der verschweigung viel guts entstehen mag. Denn gleicher weiß wie ein pfeil von der Sennen wird geschossen/

schossen/nicht wider kompt/ es sey denn daß man jhn herwider trage/ Also ist es auch vmb die rede/die da gehet von dem Mund/ die wirdt nimmermehr geoffenbaret/ es sey denn daß man sie wider sage. Darumb der weiß Salomon spricht: Du solt dich alle weg zwey oder drey mal bedencken was du reden wöllest/ vnd zu welchem ende dein rede dienen möge. Dergleichen auch alle weise Menschen thun sollen/ Denn es ist dick viel grosser vnraht entstanden auß sachen die man in geheim geredt/ vnd darnach etliche sie geoffenbart/ vnd nicht verschwigen haben/darumb so bitt ich euch lieben Töchter/die ding also in gedechtnuß zu behalten/ mag euch ehr vnd gut dauon kommen/ vnd entwenden dardurch viel hasses vnd böser sachen/ Denn ich weiß vnd kenne viel Leut/ die viel erlitten/ darumb daß sie leichtlich von andern Leuten böses geredt haben/ darmit sie nichts zuschaffen hatten/ denn niemand weiß was jhm künfftiglichen mag begegnen/ Sie seind auch von guter natur/ auch wol selig vnd weiß/die da nit Schwätzer vnd Mårenträger seind/ das ist/ daß sie von niemand nichts arges sagen/ sie thun jhm recht oder vnrecht/ denn durch verdecken vnd verbergen seines Nechsten schand vnd laster/ mag alles gut bekommen/ wie denn das die Euangelia vnnd die Bůcher der Weisen thun innhalten vnnd beweisen/ Das sol aber zur besserung beschehen/ Wo aber die heimlichen warnungen nicht helffen wöllen/ so mag man sie wol darnach für Heyden vnd offene Sünder lassen fahren/ damit sie gegen jederman zuschanden kommen/ vnd sich der tag einen bessern/ Also thet Paulus gegen dem der bey seines Vatters Weib gelegen war/ schloß jhn auß der Gemein/ aber hernach als er widerkehret/ hieß er denselben wider einnemmen. Also weit soll sich das decken deß Nechsten sünde strecken/ damit es nicht geachtet würde/ als hetten wir ein wolgefallen daran.

Beschluß

Beschluß dieses Buchs/ vnd wie der Ritter vom Thurn seinen Töchtern diß Buch vberantwort.

Also vnnd hiemit meine lieben Töchter/ so ich denn diß mein Büchlein euch in Exempels vnd vorbilds weise/ mit anzeigung der guten vnd wolthuenden Frawen/ Deßgleichen der bösen vnd beleumbdeten/ Regiment vñ thaten/ wie die guten zu ehren vnd die bösen zu schanden vnd laster kom-

men seind/mit mancherley andern meynungen/wie jhr euch denn halten/ vnd wo für jr euch hüten sollet/ alles mit kurtz vergriffnen außlegungen zusammen gelesen / vnd setzen hab lassen / so viel ich deren dieser zeit nach meinem geringen verstandt habe zu wegen bringen vnd wissen mögen. Wil ich abbrechen/ vnd diß Büchlin also erfüllet vnd volendet haben/vnd vberantwort/vnd gib euch das zu euweren henden/auß vätterlicher getrewer liebe euch bittend (dieweil ich anders nichts denn ewers heyls vnd ehre thu begeren) daß jhr es offt vnd viel leset / euch das lasset zu hertzen gehen / vnd deß allezeit eingedenck seyn wöllet / Hab ich vngezweiffelt hoffnung / jhr werdet dardurch hie in dieser zeit der Welt lob vnd ehr/ vnd darnach dort in ewigkeit selige belohnung erlangen/ Dazu wölle euch Gott der Allmechtig sein Gnad vnd hülff verleihen/
Amen.

Gedruckt zu Franckfurt am Mayn / durch Martin Lechler/ in verlegung Sigmund Feyerabendes.

M. D. LXXII.

www.ingramcontent.com/pod-product-compliance
Lightning Source LLC
Chambersburg PA
CBHW020324240426
43673CB00039B/909
* 9 7 8 3 7 4 3 6 0 3 4 6 2 *